Contribuições
especiais

volume 1

Central de Qualidade — FGV Management
ouvidoria@fgv.br

SÉRIE DIREITO TRIBUTÁRIO

Contribuições especiais

volume 1

Joaquim Falcão
Sérgio Guerra
Rafael Almeida

Organizadores

Copyright © 2016 Joaquim Falcão; Sérgio Guerra; Rafael Almeida

Direitos desta edição reservados à
EDITORA FGV
Rua Jornalista Orlando Dantas, 37
22231-010 | Rio de Janeiro, RJ | Brasil
Tels.: 0800-21-7777 | 21-3799-4427
Fax: 21-3799-4430
editora@fgv.br | pedidoseditora@fgv.br
www.fgv.br/editora

Impresso no Brasil / Printed in Brazil

Todos os direitos reservados. A reprodução não autorizada desta publicação, no todo ou em parte, constitui violação do copyright (Lei nº 9.610/98).

Os conceitos emitidos neste livro são de inteira responsabilidade dos autores.

1ª edição — 2016

Preparação de originais: Sandra Frank
Editoração eletrônica: FA Studio
Revisão: Aleidis de Beltran | Paulo Guilbaud
Capa: aspecto:design

Ficha catalográfica elaborada pela
Biblioteca Mario Henrique Simonsen/FGV

Contribuições especiais, v. 1 / Organizadores: Joaquim Falcão, Sérgio Guerra, Rafael Almeida. — Rio de Janeiro : FGV Editora, 2016.
152 p. — (Direito tributário (FGV Management))

Publicações FGV Management.
Inclui bibliografia.
ISBN: 978-85-225-1805-0

1. Direito tributário. 2. Contribuições (Direito tributário). 3. Contabilidade tributária. 4. Contribuição previdenciária. I. Falcão, Joaquim, 1943- . II. Guerra, Sérgio, 1964- . III. Almeida, Rafael. IV. Fundação Getulio Vargas. V. FGV Management. VI. Série.

CDD — 341.39

Desvio de finalidade 63
Questões de automonitoramento 68

3 | Contribuição previdenciária: regras gerais, segurados e salário de contribuição 69
Roteiro de estudo 69
    Apresentação 69
    Breve estudo cronológico constitucional da previdência social 71
    Contribuição previdenciária na Constituição de 1988 e natureza jurídica 72
    O sistema da seguridade social 75
    Contribuição previdenciária, segurados e salário de contribuição 80
Questões de automonitoramento 107

4 | Contribuição previdenciária: cota patronal, desoneração da folha, RAT/FAP 109
Roteiro de estudo 109
    Apresentação 109
    Breve síntese da evolução do tema 110
    A cota patronal na contribuição previdenciária 111
    A adoção do risco acidente de trabalho e do fator acidentário de previdência (RAT/FAP) 118
    Desoneração da folha 128
Questões de automonitoramento 130

5 | Sugestões de casos geradores 131
    Interseção da contabilidade com o direito: noções básicas. Interseção da contabilidade com o direito: demonstrações financeiras (cap. 1) 131

Sumário

Apresentação 11

Introdução 13

1 | Interseção da contabilidade com o direito: noções básicas. Interseção da contabilidade com o direito: demonstrações financeiras 15
   Roteiro de estudo 15
      Interseção da contabilidade com o direito:
      noções básicas 15
      Interseção da contabilidade com o direito:
      demonstrações financeiras 34
   Questões de automonitoramento 49

2 | Contribuições. Normas gerais. Natureza jurídica. Competência. Desvio da finalidade. Espécies 51
   Roteiro de estudo 51
      Considerações preliminares 51
      Normas gerais e natureza jurídica
      das contribuições especiais 55

Nossa missão é construir uma Escola de Direito referência no Brasil em carreiras públicas e direito empresarial, formando lideranças para pensar o Brasil no longo prazo e ser referência no ensino e na pesquisa jurídica para auxiliar o desenvolvimento e o avanço do país.

FGV DIREITO RIO

*Contribuições. Normas gerais. Natureza jurídica.
Competência. Desvio da finalidade. Espécies
(cap. 2)   132
Contribuição previdenciária: regras gerais, segurados
e salário de contribuição (cap. 3)   133
Contribuição previdenciária: cota patronal,
desoneração da folha, RAT/FAP (cap. 4)   133*

Conclusão   135

Referências   137

Organizadores   143

Colaboradores   145

Apresentação

Aliada à credibilidade de mais de meio século de excelência no ensino de economia, administração e de outras disciplinas ligadas à atuação pública e privada, a Escola de Direito do Rio de Janeiro da Fundação Getulio Vargas – FGV DIREITO RIO – iniciou suas atividades em julho de 2002. A criação dessa nova escola é uma estratégia da FGV para oferecer ao país um novo modelo de ensino jurídico capaz de formar lideranças de destaque na advocacia e nas carreiras públicas.

A FGV DIREITO RIO desenvolveu um cuidadoso plano pedagógico para seu Programa de Educação Continuada, contemplando cursos de pós-graduação e de extensão. O programa surge como valorosa resposta à crise do ensino jurídico observada no Brasil nas últimas décadas, que se expressa pela incompatibilidade entre as práticas tradicionais de ensino do direito e as demandas de uma sociedade desenvolvida.

Em seu plano, a FGV DIREITO RIO assume o papel de formar profissionais preparados para atender às reais necessidades e expectativas da sociedade brasileira em tempos de globalização. Seus cursos reforçam o comprometimento da escola em inserir no mercado profissionais de direito capazes de lidar com áreas interdisciplinares, dotados de uma visão ampla das questões jurídicas e com sólidas bases acadêmica e prática.

A Série Direito Tributário é um importante instrumento para difusão do pensamento e do tratamento dado às modernas teses e questões discutidas nas salas de aula dos cursos de MBA e de pós-graduação, focados no direito tributário, desenvolvidos pela FGV DIREITO RIO.

Dessa forma, esperamos oferecer a estudantes e advogados um material de estudo que possa efetivamente contribuir com seu cotidiano profissional.

Introdução

Este volume dedicado ao estudo de contribuições especiais tem origem em profunda pesquisa e sistemática consolidação dos materiais de aula acerca de temas que despertam crescente interesse no meio jurídico e reclamam mais atenção dos estudiosos do direito. A intenção da Escola de Direito do Rio de Janeiro da Fundação Getulio Vargas é tratar de questões atuais sobre o tema, aliando a dogmática e a pragmática jurídicas.

A obra trata, de forma didática e clara, dos conceitos e princípios de contribuições especiais, analisando as questões em face das condições econômicas do desenvolvimento do país e das discussões recentes sobre o processo de reforma do Estado.

O material aqui apresentado abrangerá assuntos relevantes, como:

- interseção da contabilidade com o direito: noções básicas;
- interseção da contabilidade com o direito: demonstrações financeiras;
- contribuições; normas gerais; natureza jurídica; competência; desvio da finalidade; espécies;

- contribuição previdenciária – regras gerais, segurados e salário de contribuição; e
- contribuição previdenciária – cota patronal, desoneração da folha, RAT/FAP.

Em conformidade com a metodologia da FGV DIREITO RIO, cada capítulo conta com o estudo de *leading cases* para auxiliar na compreensão dos temas. Com ênfase em casos práticos, pretendemos oferecer uma análise dinâmica e crítica das normas vigentes e sua interpretação.

Esperamos, assim, fornecer o instrumental técnico-jurídico para os profissionais com atuação ou interesse na área, visando a fomentar proposição de soluções criativas para problemas normalmente enfrentados.

1 Interseção da contabilidade com o direito: noções básicas. Interseção da contabilidade com o direito: demonstrações financeiras

Roteiro de estudo

Interseção da contabilidade com o direito: noções básicas

História da contabilidade

A história da contabilidade teve início quando a evolução do homem e dos sistemas de produção gerou um processo de acumulação de patrimônio, surgindo a necessidade de controlá-lo e administrá-lo adequadamente. Dessa forma, para que servisse de instrumento de controle do patrimônio das pessoas.

Por um longo período, a contabilidade foi considerada a arte do registro de transações e eventos de natureza financeira e de interpretação dos resultados, tendo sua consolidação a partir da metade do século XV, por meio da divulgação do tratado de matemática do frei Luca Pacciolo, intitulado *Summa de aritmética, geometria, proportioni e proporcionalita*.

Nessa obra, o frei dedicou uma seção aos registros contábeis segundo o método das partidas dobradas, sendo considerado desde então o pai da ciência contábil moderna. O método, apesar de não ter sido inventado pelo frei, teve rápida difusão por meio de sua obra e foi universalmente aceito e adotado desde aquela época, sendo atualmente considerado um dos pilares da contabilidade moderna.

De acordo com esse método, em cada lançamento, o valor total lançado nas contas a débito deve ser igual ao total do valor lançado nas contas a crédito. Ou seja, não pode haver um débito sem um crédito correspondente. Como é mais comum uma transação conter somente duas entradas, sendo uma entrada de crédito em uma conta e uma entrada de débito em outra conta, daí a origem do nome "dobrado".

Com a Revolução Industrial, iniciou-se um período de grande crescimento da indústria, atraindo investidores e banqueiros, e aumentando a necessidade de fornecer informações confiáveis e úteis para os novos usuários da contabilidade. Além disso, a crise econômica americana, ocorrida entre 1929 e 1932, influenciou significativamente o fortalecimento da contabilidade como sistema de informações dos negócios, provocando a ascensão da escola norte-americana.

O crescimento econômico e a sofisticação das empresas criaram usuários externos da informação contábil. Em contrapartida, a contabilidade criou relatórios financeiros mais ou menos padronizados e estabeleceu critérios uniformes de avaliação e divulgação dos elementos patrimoniais.

Nesse momento, começou a tomar corpo a contabilidade moderna. Podemos ressaltar diversos fatores da contabilidade clássica italiana, que diferem do método adotado a partir da Revolução Industrial.

No método clássico, a informação era direcionada apenas ao proprietário da empresa, ao passo que atualmente a informação é direcionada a diversos interessados, como estudaremos mais à frente.

Além disso, alguns princípios não existiam, o que ocasionava, por exemplo, a confusão entre os ativos e passivos do proprietário e do negócio. E, ainda, a contabilidade italiana clássica não trazia a ideia de período contábil, de continuidade, e nem podia contar com um denominador monetário comum.

Desenvolvimento da contabilidade no Brasil e a convergência ao IFRS[1]

A história da contabilidade no Brasil confunde-se com a própria história brasileira. Uma das primeiras instituições regulamentadoras da contabilidade de que se tem notícia no Brasil remete-nos à época das capitanias hereditárias, com a criação da Provedoria da Fazenda Real, que foi o início da administração fazendária no Brasil.

Já com a proclamação da independência e a promulgação de um novo código comercial em 1850, tornou-se obrigatória a escrituração e o registro anual do balanço geral. Por fim, no Brasil República, foram criadas as primeiras escolas brasileiras de contabilidade.

Por fim, na década de 1940, o Decreto-Lei nº 2.627 trouxe à baila da legislação a primeira Lei das Sociedades Anônimas, que até hoje possui alguns artigos em vigor.

Já em 1964, foi editada a Lei nº 6.404, popularmente conhecida como Lei das S.A. No entanto, tal lei adotava práticas para a contabilidade societária, que eram particulares para o Brasil, ou seja, eram diferentes das práticas adotadas em outros lugares do mundo.

---

[1] IFRS é a sigla em inglês para "padrões internacionais para demonstrações financeiras" (*international financial reporting standards*).

Tais diferenças impossibilitavam a comparação das demonstrações financeiras de empresas brasileiras com a de empresas que publicavam suas demonstrações financeiras (DFs) de acordo com as normas internacionais comumente adotadas. Assim, a fim de que as empresas brasileiras tivessem maior capacidade de atração junto a investidores estrangeiros, foram promulgadas a Lei nº 11.638/2007 e a Lei nº 11.941/2009, que alteraram a Lei nº 6.404/1976 para que a contabilidade brasileira adotasse os preceitos do IFRS.

Tais normas foram elaboradas pelo International Accounting Standards Board (IASB) ou, em português, Conselho de Normas Internacionais de Contabilidade, e foram sendo incorporadas ao cenário brasileiro por intermédio da aprovação dos pronunciamentos, orientações e interpretações contábeis pelo Comitê de Pronunciamentos Contábeis (CPC).

Assim, tendo em vista que tais alterações teriam impacto fiscal, em 3 de dezembro de 2008 foi editada a Medida Provisória nº 449, posteriormente convertida na Lei nº 11.941, de 27 de maio de 2009, que instituiu o Regime Tributário de Transição (RTT).

Tal regime tinha como objetivo confirmar a neutralidade dos impactos tributários da Lei nº 11.638/2007 e, a princípio, seria vigente até que fosse editada lei disciplinando os efeitos tributários dos então novos métodos e critérios contábeis.

Resultado: todos os impactos contábeis experimentados no Brasil não devem produzir efeitos tributários.

A Instrução Normativa RFB nº 1.397, de 16 de setembro de 2013, trouxe inovações em diversos temas, destacando-se os seguintes:

❏ demonstração de fluxo de caixa (DFC) e demonstração do valor adicionado (DVA) (valor da riqueza gerada) – art. 176;
❏ estrutura das contas patrimoniais (extinções e inovações) – art. 178;

- critérios de avaliação (instrumentos financeiros, mercado, ajustes a valor presente – AVP –, *fair value*);
- conceito de coligada e controlada – art. 243;
- *impairment* e regras de depreciação;
- arrendamento mercantil;
- incentivos fiscais (subvenção de custeio e investimento);
- ágio;
- neutralidade tributária.

No Brasil, até a entrada em vigor da Lei nº 11.638/2007, a contabilidade era regulada por alguns órgãos, por exemplo:

- Instituto dos Auditores Independentes do Brasil (Ibracon), que foi constituído em 13 de dezembro de 1971;
- Conselho Federal de Contabilidade (CFC), criado pelo Decreto-Lei nº 9.295, de 27 de maio de 1946;[2]
- Comissão de Valores Mobiliários (CVM), responsável pela regulação das empresas de capital aberto;
- Banco Central do Brasil (Bacen), responsável pela regulação das instituições financeiras;
- Superintendência de Seguros Privados (Susep) e Secretaria de Previdência Complementar (SPC), que regulam empresas seguradoras e de previdência privada;
- outras entidades reguladoras, como as agências reguladoras: Aneel, Anvisa, ANP etc.

Já com o advento da Lei nº 11.638/2007, foi criado o Comitê de Pronunciamentos Contábeis, conhecido como CPC. Tal comitê surgiu da união de diversas entidades ativas no ambiente contábil do Brasil, que foram:

- Associação Brasileira das Companhias Abertas (Abrasca);

---

[2] Em cada estado existem também os conselhos regionais de contabilidade (CRCs).

- Associação dos Analistas e Profissionais de Investimento do Mercado de Capitais (Apimec Nacional);
- Bolsa de Valores de São Paulo (BM&FBovespa);
- Conselho Federal de Contabilidade (CFC);
- Fundação Instituto de Pesquisas Contábeis, Atuariais e Financeiras (Fipecafi);
- Instituto dos Auditores Independentes do Brasil (Ibracon).

A criação do novo comitê teve o intuito de regular a conversão das práticas antigas para as práticas internacionais recém-adotadas. Nesse novo cenário, além da necessidade de convergir com as normas antigas, as novas normas passaram a centralizar a emissão de pronunciamentos dessa natureza, tendo, apesar disso, maior participação de interessados de diversas áreas econômicas.

O CPC foi criado pela Resolução CFC nº 1.055/2005, tendo como objetivo

> o estudo, o preparo e a emissão de Pronunciamentos Técnicos sobre procedimentos de Contabilidade e a divulgação de informações dessa natureza, para permitir a emissão de normas pela entidade reguladora brasileira, visando à centralização e uniformização do seu processo de produção, levando sempre em conta a convergência da Contabilidade Brasileira aos padrões internacionais.

Apesar de ser formado por diversas entidades, o CPC é um órgão completamente autônomo que se utiliza da estrutura do CFC e é basicamente composto por dois representantes de cada entidade integrante.

Mesmo não participando da composição do comitê, rotineiramente outras entidades, como o Bacen, a Receita Federal e a CVM, são convidadas a participar das reuniões do órgão.

Tais reuniões têm como finalidade a edição de normas, sejam orientações, interpretações ou os pronunciamentos, popularmente conhecidos como CPCs, sendo seguidos de numeração própria. Atualmente, já foram editados quase 50 pronunciamentos.

Objetivos da contabilidade

A contabilidade funciona como um sistema de informações que tem como principal propósito permitir que seus usuários possam estar adequadamente informados, e assim preparados para tomar decisões a respeito da entidade.

Ilustrativamente, a contabilidade funciona conforme a figura 1.

Figura 1

Coleta de dados	Registro de dados	Relatórios	Usuários (tomada de decisão)
			Administração
			Investidores
			Bancos
			Governo
			Outros interessados

Ademais, de acordo com sua estrutura conceitual básica, a mesma é um "um sistema de informações e avaliação destinado a prover seus usuários com demonstrações e análises de natureza econômica, financeira, física e de produtividade no que tange à entidade objeto da contabilização".[3]

---

[3] IUDÍCIBUS, Sérgio de et al. *Manual de contabilidade das sociedades por ações*: aplicável às demais sociedades. 6. ed. rev. e atual. São Paulo: Atlas, 2003. p. 48.

Os mesmos registros contábeis podem ser divididos a partir do seu propósito entre contabilidade financeira (ou societária, comercial etc.) e contabilidade gerencial.

A primeira, responsável por definir a ciência contábil como "linguagem dos negócios", objetiva demonstrar a saúde financeira da empresa e apurar o resultado de qualquer projeto. Tem como função precípua fornecer informações fidedignas aos usuários externos da empresa, sejam seus credores, seus investidores, o Estado ou qualquer outra pessoa que tenha interesse na entidade.

Já a contabilidade gerencial se refere às informações que podem ser utilizadas a fim de gerir a entidade, tendo como principais utilizadores seus administradores e diretores.

A partir da ilustração abaixo, podemos mais facilmente identificar a caracterização da contabilidade como um sistema de coleta e distribuição de informações.

Figura 2

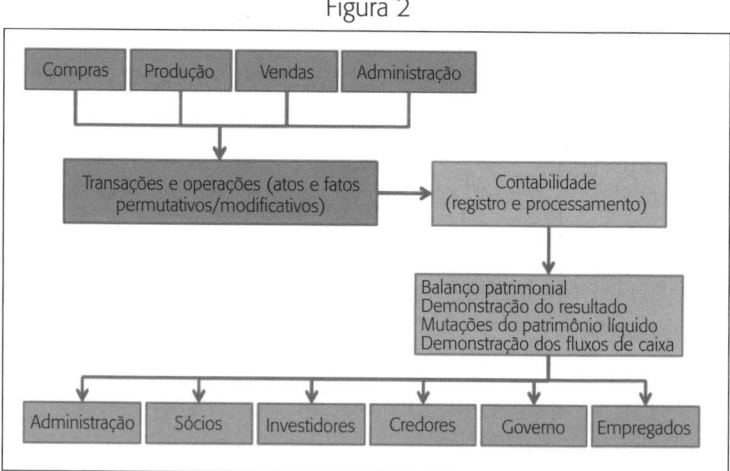

Usuários da contabilidade

Como podemos observar na figura anterior, diversos são os usuários da contabilidade. Assim, a seguir, será demonstrado brevemente como alguns deles se relacionam com as ciências contábeis:

- *Administração.* Os administradores da entidade podem, por meio das informações colhidas, constatar eventuais deficiências ou verificar políticas que foram aplicadas e mostraram-se frutíferas. Podem assim diminuir gastos e otimizar seus lucros.
- *Sócios e investidores.* A partir da análise das informações contábeis, o investidor poderá tomar decisões a respeito da companhia no sentido de melhor avaliar seus riscos. Desse modo, pode entender como a empresa utiliza seus recursos e a probabilidade de a mesma obter lucro. Com essas constatações, pode-se avaliar a possibilidade de valorização ou desvalorização.
- *Credores.* Podem utilizar a contabilidade para verificar o endividamento da entidade e analisar sua capacidade de honrar suas obrigações, podendo, assim, tomar melhores decisões a respeito de realizar ou não novos empréstimos ou financiamentos.
- *Governo.* O Estado, por meio de suas autoridades fazendárias, pode verificar o correto recolhimento de tributos e a consequente arrecadação de impostos, taxas e contribuições. Pode também formular diretrizes da política econômica e das atividades do Judiciário e de agências reguladoras. Cabe lembrar que, inclusive, os órgãos estatais possuem sua contabilidade própria, que se apresenta no ramo da ciência como contabilidade pública.
- *Empregados.* Através das informações contábeis, podem visualizar fatos e dados a respeito da empresa que sejam de seu interesse, como a capacidade de pagamento dos salários, perspectivas de crescimento da empresa e participação nos lucros.

A contabilidade utilizada pelos operadores do direito

A contabilidade é utilizada pelos operadores do direito de diversas maneiras. Como primeiro exemplo, podemos mencionar o próprio Estado, indicado no item anterior. Além do Poder Executivo e do Legislativo, que podem se utilizar de dados contábeis para melhor definir as diretrizes da economia no país por meio da implantação de políticas e edição de leis, o Poder Judiciário também se utiliza de conhecimentos contábeis em suas atividades cotidianas.

Sem adentrar a área tributária onde a utilização da contabilidade é explícita, podemos constatar que outros ramos do direito também necessitam dessas informações.

Tome-se, por exemplo, um juiz que julga uma ação de acionistas minoritários contra administradores de uma companhia, sob a alegação de mau uso dos recursos da entidade. Sem dúvida alguma, os informes contábeis dessa empresa deverão ser levados a juízo, e servirão como fonte de informação, auxiliando o juiz na tomada de sua decisão.

Os próprios advogados, que patrocinam causas de empresas, influenciam na contabilidade através da probabilidade de perda atribuída a cada causa. A afirmação de que um processo tem chance remota, possível ou provável de ser perdido, impacta diretamente na contabilização de provisões, ativos contingentes e até na obrigatoriedade ou não da divulgação dessas informações através das demonstrações financeiras.

Por fim, quando nos referirmos ao ramo do direito tributário, fica evidente a utilização da contabilidade, como no caso do IRPJ e da CSLL que utilizam o conceito de lucro para fixação de suas bases de cálculo.

Tal conceito refere-se ao resultado de uma entidade em determinado período de tempo. Normalmente, o lucro é medido anualmente, através da soma das despesas e receitas de uma empresa. Se a mesma tiver mais despesas do que receitas, irá apurar prejuízo, porém, se possuir mais receitas do que despesas, apurará lucro contábil (que, por exemplo, é utilizado no cálculo do lucro real, que pode ser utilizado como base de cálculo do IRPJ e da CSLL).

Quando nos referimos a PIS/Pasep e à Cofins, também necessitamos da contabilidade. Tais contribuições são calculadas a partir do faturamento da empresa, ou seja, a base de cálculo destes tributos tem seu ponto de partida no somatório das receitas da sociedade.

Princípios contábeis

Assim como os diversos ramos do direito devem obedecer a princípios determinados, as ciências contábeis também estão limitadas por alguns preceitos básicos que norteiam a legislação contábil.

No que tange ao nosso objeto de estudo, tais princípios estão atualmente explicitados na Resolução CFC nº 750/1993, com as alterações introduzidas pela Resolução CFC nº 1.282/2010.

O art. 1º, § 1º, dessa Resolução dispõe que a observância dos princípios de contabilidade é obrigatória para os profissionais da área, pois os mesmos representam a

> essência das doutrinas e teorias relativas à Ciência da Contabilidade, consoante o entendimento predominante nos universos científico e profissional de nosso País. Concernem, pois, à Contabilidade no seu sentido mais amplo de ciência social, cujo objeto é o patrimônio das entidades.[4]

---

[4] Art. 2º da Resolução CFC nº 750/1993, com a redação dada pela Resolução CFC nº 1.282/2010.

Antes de adentrarmos no modo de organização e visualização das informações contábeis, listaremos os princípios que servem de arcabouço para a prática cotidiana dos operadores da contabilidade, conforme a resolução acima referida.

Princípio da Entidade

Esse princípio define que o patrimônio da companhia (entidade) não poderá ser confundido com o patrimônio de seus cotistas ou sócios. Esse é um mecanismo para determinar – com mais precisão – a real riqueza que envolve determinada entidade, separando de forma clara o que pertence a seus sócios. Dessa forma, as contas não podem ser misturadas, sendo o registro contábil da empresa totalmente diverso do de seus proprietários.

Um exemplo claro de ausência desse princípio seriam os negócios chamados familiares, em que os proprietários acabam unificando suas despesas pessoais com a contabilidade de suas empresas, o que, claramente, prejudica o registro contábil da entidade.

Tal princípio se encontra definido no art. 4º da Resolução nº 750, abaixo aduzida:

> Art. 4º. O Princípio da ENTIDADE reconhece o Patrimônio como objeto da Contabilidade e afirma a autonomia patrimonial, a necessidade da diferenciação de um Patrimônio particular no universo dos patrimônios existentes, independentemente de pertencer a uma pessoa, um conjunto de pessoas, uma sociedade ou instituição de qualquer natureza ou finalidade, com ou sem fins lucrativos. Por consequência, nesta acepção, o Patrimônio não se confunde com aqueles dos seus sócios ou proprietários, no caso de sociedade ou instituição.
> Parágrafo único. O PATRIMÔNIO pertence à ENTIDADE, mas a recíproca não é verdadeira. A soma ou agregação contábil de

patrimônios autônomos não resulta em nova ENTIDADE, mas numa unidade de natureza econômico-contábil.

Cabe notar que tal disposição também deve ser observada quando tratamos de grupos econômicos. Ainda que várias empresas possuam os mesmos sócios, não podem, de maneira alguma, confundir seus patrimônios. Cada ativo ou passivo deve ser registrado na entidade que realmente o detém.

Nos casos em que mais de uma companhia divide a propriedade de um ativo, o mesmo será registrado parcialmente, respeitando sua proporção.

Sendo assim, é impreterível que exista a distinção dos patrimônios das entidades, uma vez que esses são autônomos em relação aos dos sócios, ou de outras empresas, de modo que não se confundam em nenhum momento.

Princípio da continuidade

Quando pensamos na contabilidade de uma empresa, é importante frisar que há um pressuposto de existência durante um período indeterminado de tempo. Ou seja, as companhias efetuam seus registros de maneira que, exercício após exercício, a informação contabilizada esteja registrada e possa vir a ser consultada no futuro.

Não há, a princípio, a intenção de estabelecer o termo final de determinada empresa, o que, de plano, nos permite dizer que existe um conceito de continuidade dos dados que foram, são e continuarão a ser preenchidos e processados pelas empresas.

O princípio da continuidade nos permite entender que a empresa é uma espécie de entidade em constante mutação, que, ao longo do tempo, sofrerá modificações que não podem determinar quando e como irá efetivamente se extinguir. Sendo assim, a busca pela estabilidade é diária e complexa, sendo primordial um registro contábil correto e preciso.

A Resolução CFC nº 750/1993, alterada pela Resolução nº 1.282/2010 do mesmo órgão, traz a caracterização do princípio da continuidade, como disposto abaixo:

> Art. 5º. O *Princípio da Continuidade* pressupõe que *a Entidade continuará em operação no futuro* e, portanto, a mensuração e a apresentação dos componentes do patrimônio levam em conta esta circunstância [grifos meus].

No Pronunciamento Contábil CPC nº 00,[5] em seu capítulo 4, também há entendimento a respeito do tema:

> 4.1. As demonstrações contábeis normalmente são elaboradas tendo como premissa que a entidade está em atividade (*going concern assumption*) e irá manter-se em operação por um futuro previsível. Desse modo, parte-se do pressuposto de que a entidade não tem a intenção, nem tampouco a necessidade, de entrar em processo de liquidação ou de reduzir materialmente a escala de suas operações. Por outro lado, se essa intenção ou necessidade existir, as demonstrações contábeis podem ter que ser elaboradas em bases diferentes e, nesse caso, a base de elaboração utilizada deve ser divulgada.

Princípio da oportunidade

Esse princípio determina que todas as transações e eventos contábeis devem ser reconhecidos e registrados imediatamente pelas companhias, assim que identificados.

---

[5] CPC nº 00 (R1), Estrutura Conceitual para Elaboração e Divulgação de Relatório Contábil-Financeiro, aprovado em 2 de dezembro de 2011 e divulgado em 15 de dezembro do mesmo ano. Disponível em: <www.cpc.org.br/CPC/Documentos-Emitidos/Pronunciamentos/Pronunciamento?Id=80>. Acesso em: 15 jun. 2015.

A oportunidade encontra-se elencada no art. 6º da Resolução nº 750/1993, alterada pela Resolução nº 1.282/2010, o qual dispõe:

> Art. 6º. O Princípio da Oportunidade refere-se ao processo de mensuração e apresentação dos componentes patrimoniais para produzir informações íntegras e tempestivas.
> Parágrafo único. A falta de integridade e tempestividade na produção e na divulgação da informação contábil pode ocasionar a perda de sua relevância, por isso é necessário ponderar a relação entre a oportunidade e a confiabilidade da informação.

A partir disso, resta claro que o principal entendimento trazido pelo princípio é de que as informações dispostas no registro contábil das companhias deverão conter a máxima veracidade, uma vez que contabilizadas de forma tempestiva. A ideia de integridade dos dados está inteiramente ligada ao momento de sua contabilização.

Um exemplo prático desse conceito seria uma empresa de tecidos que teve parte de suas máquinas deterioradas por um incêndio. Seus contadores, assim que informados do ocorrido, deverão reconhecer a provisão das perdas que esse fato irá acarretar contabilmente na companhia.

Princípio do registro pelo valor original

Quando existe uma aquisição por determinada companhia, é gerado um custo relativo a tal atividade, seja com um ativo, seja com insumos que possibilitam a geração de benefícios à empresa. Esse gasto, impreterivelmente, se torna base de valor para registro contábil.

Dessa forma, os valores gastos por essas entidades podem se tornar ativos, que devem ser registrados pelo preço quando do efetivo pagamento, ou seja, pelo seu custo histórico.

A disposição desse princípio está expressa no art. 7º da Resolução nº 750/1993, já com suas alterações posteriores, a seguir:

> Art. 7º. O Princípio do Registro pelo Valor Original determina que os componentes do patrimônio devem ser inicialmente registrados pelos valores originais das transações, expressos em moeda nacional.

Note-se, no entanto, que diferentes bases de mensuração deverão ser consideradas pela companhia, como o custo histórico, o custo corrente, o valor realizável, o valor presente, o valor justo e a atualização monetária.[6]

Competência

Esse princípio é fundamental para o correto registro, no tempo, dos fatos contábeis ocorridos com cada empresa, pois versa que os efeitos das transações são reconhecidos quando ocorrem e são lançados nos registros contábeis dos períodos a que se referem. Assim, as receitas, os custos e as despesas são atribuídos aos períodos de acordo com a ocorrência do fato contábil, e não quando do recebimento ou pagamento efetivo de certo montante.

Em regra, esse princípio dispõe que os registros contábeis geridos pelo regime de competência contêm as informações tanto sobre transações passadas que envolvem pagamento e recebimento de caixa quanto a respeito de obrigações de pagamento a serem efetivamente realizados no futuro.

---

[6] Os incisos do § 1º do art. 7º da Resolução CFC nº 750/1993 trazem os conceitos de custo histórico (inciso I) e da variação do custo histórico (inciso II), o qual pode sofrer variação com base nos fatores de custo corrente, valor realizável, valor presente, valor justo e atualização monetária, todos conceituados nas alíneas do inciso II do § 1º do art. 7º da Resolução CFC nº 750/1993.

Podemos utilizar como exemplo a receita, que deverá ser reconhecida independentemente de o valor a ela referente ter adentrado nos caixas da empresa na época do negócio ou não (recebimento futuro), sendo impreterível que haja uma expectativa de que o valor concernente à receita seja recebido em data futura. Do mesmo modo, as despesas relativas a determinada receita deverão ser reconhecidas e devidamente confrontadas na época de seu registro e reconhecimento. Abaixo segue o disposto no Pronunciamento Contábil CPC nº 00[7] sobre o tema:

> 4.50. As despesas devem ser reconhecidas na demonstração do resultado com base na associação direta entre elas e os correspondentes itens de receita. Esse processo, usualmente chamado de confrontação entre despesas e receitas (regime de competência), envolve o reconhecimento simultâneo ou combinado das receitas e despesas que resultem diretamente ou conjuntamente das mesmas transações ou outros eventos. Por exemplo, os vários componentes de despesas que integram o custo das mercadorias vendidas devem ser reconhecidos no mesmo momento em que a receita derivada da venda das mercadorias é reconhecida. Contudo, a aplicação do conceito de confrontação, de acordo com esta Estrutura Conceitual, não autoriza o reconhecimento de itens no balanço patrimonial que não satisfaçam à definição de ativos ou passivos.

Prudência – não aplicável no contexto IFRS

Tal princípio, também chamado de princípio do conservadorismo, determina que os registros contábeis sejam realizados

---

[7] CPC nº 00 (R1), Estrutura Conceitual para Elaboração e Divulgação de Relatório Contábil-Financeiro, 2011, op. cit.

com parcimônia. É latente a necessidade do uso da prudência quando da contabilização dos fatos, porém cabe à empresa não se exceder quando aplicar o conservadorismo, para que não acabe deturpando negativamente seus bens e resultado.

Assim, quando existirem dois ou mais valores válidos referentes ao ativo, deverá ser feito o registro com base nos menores valores, para que não haja falsa pretensão de receber um valor e ele acabar não sendo realmente recebido. Já em relação aos passivos, estes devem ser registrados pelo maior valor, na esfera máxima de precisão.

O art. 10 da Resolução nº 750/1993 trata do referido princípio:

> Art. 10. O Princípio da PRUDÊNCIA determina a adoção do menor valor para os componentes do ATIVO e do maior para os do PASSIVO, sempre que se apresentem alternativas igualmente válidas para a quantificação das mutações patrimoniais que alterem o patrimônio líquido.
>
> Parágrafo único. O Princípio da Prudência pressupõe o emprego de certo grau de precaução no exercício dos julgamentos necessários às estimativas em certas condições de incerteza, no sentido de que ativos e receitas não sejam superestimados e que passivos e despesas não sejam subestimados, atribuindo maior confiabilidade ao processo de mensuração e apresentação dos componentes patrimoniais.

Nesse diapasão, segundo tal princípio, esses registros deverão ser realizados com máxima precaução, como forma de alcançar um equilíbrio financeiro no que tange às obrigações e valores que virão a ser registrados pelas entidades. Isso evita, na maioria das vezes, que ocorram "rombos" econômicos, que podem inviabilizar a atividade das companhias.

Contudo, desde que houve a convergência do BR GAAP[8] para o IFRS, esse princípio não é mais aplicável na contabilidade brasileira. Isso porque, de acordo com os ideais do sistema internacional de contabilidade, a hipervalorização de passivos e a subavaliação de ativos não estão alinhadas com a máxime de neutralidade das representações financeiras.

Princípio da primazia da essência sobre a forma

Apesar de não estar listada na resolução como um princípio propriamente dito, a primazia da essência sobre a forma tem verdadeiro caráter de postulado contábil, visto ser de extrema importância para a correta aplicação da ciência contábil.

Para que a informação represente adequadamente as transações a que se propõe, é necessário que estas operações sejam contabilizadas e apresentadas de acordo com sua realidade e substância econômica e não meramente com sua forma legal.

Esse pode ser chamado de principal conceito da contabilidade contemporânea, estando presente no CPC nº 00, conforme abaixo aduzido:

> Prefácio [...]
> A característica essência sobre a forma foi formalmente retirada da condição de componente separado da representação fidedigna, por ser considerado isso uma redundância. A representação pela forma legal que difira da substância econômica não pode

---

[8] A denominação BR GAAP refere-se ao conjunto de leis e normas que integram a contabilidade brasileira. Comumente, a sigla GAAP representa as iniciais, em inglês, de Generally Accepted Accounting Principles ("princípios geralmente aceitos de contabilidade", em tradução livre) e a tal expressão são adicionadas outras duas letras de forma a indicar o país em que são aplicadas, por exemplo, o US GAAP, que se refere às normas e princípios de contabilidade aceitos nos Estados Unidos da América.

resultar em representação fidedigna, conforme citam as Bases para Conclusões. Assim, essência sobre a forma continua, na realidade, bandeira insubstituível nas normas do IASB. [...]

4.6. Ao avaliar se um item se enquadra na definição de ativo, passivo ou patrimônio líquido, deve-se atentar para a sua essência subjacente e realidade econômica e não apenas para sua forma legal. Assim, por exemplo, no caso do arrendamento mercantil financeiro, a essência subjacente e a realidade econômica são a de que o arrendatário adquire os benefícios econômicos do uso do ativo arrendado pela maior parte da sua vida útil, em contraprestação de aceitar a obrigação de pagar por esse direito valor próximo do valor justo do ativo e o respectivo encargo financeiro. Dessa forma, o arrendamento mercantil financeiro dá origem a itens que satisfazem à definição de ativo e de passivo e, portanto, devem ser reconhecidos como tais no balanço patrimonial do arrendatário.

Há, dessa forma, uma valorização das representações econômicas sobre os aspectos legais e formais, devendo corresponder a uma representação contábil que apresente aspectos e dados confiáveis. Em outras palavras, as informações registradas devem ser neutras e imparciais, com o intuito de não interferir em determinada tomada de decisão.

Interseção da contabilidade com o direito: demonstrações financeiras

Após a análise dos conceitos básicos da contabilidade, de quais são seus princípios e suas finalidades e de quem são os sujeitos que utilizam a ciência contábil, podemos prosseguir para o estudo de como a contabilidade é estruturada de fato e como se apresenta para seus utilizadores.

Equação básica da contabilidade

O método das partilhas dobradas, que até hoje é utilizado, exige que, para cada lançamento realizado na contabilidade, exista um (ou mais) lançamento no mesmo valor, em contrapartida. *Ou seja, para cada lançamento a crédito, deve existir também um lançamento no mesmo valor a débito.*

Diante desse pressuposto, podemos chegar à conclusão lógica de que todo ativo de uma empresa deve ser igual ao seu passivo (aí incluindo o patrimônio líquido). Assim, temos que:

> Ativo − passivo = patrimônio líquido
>
> ou
>
> Ativo = passivo + patrimônio líquido

Tal equação demonstra como se organiza o patrimônio de uma sociedade, patrimônio esse constituído principalmente dos bens, direitos (ativos) e obrigações (passivos).

Podemos entender o acima disposto por meio do conceito de origens e aplicações, ou seja, enquanto o patrimônio líquido e o passivo são as origens (fontes de recursos), o ativo é a aplicação (destinação).

A representação dessa equação ocorre através do que chamamos de balanço patrimonial. O balanço patrimonial é uma das demonstrações tidas por obrigatórias pela legislação brasileira e será estudado mais adiante.

Por enquanto, basta-nos saber que o balanço patrimonial é reflexo da "igualdade" entre ativos e passivos, e até por isso tem o nome de balanço, devendo assim representar o equilíbrio inerente ao patrimônio contábil.

Ativo

> "Ativo é um recurso controlado pela entidade como resultado de eventos passados e do qual se espera que fluam futuros benefícios econômicos para a entidade."[9]

Com a finalidade de entendermos a disposição dos elementos da contabilidade, devemos também estudar esses conceitos de fato. Como bem definido no *Manual de contabilidade societário* (Fipecafi), "o ativo compreende os recursos controlados por uma entidade e dos quais se esperam benefícios econômicos futuros".[10]

A valorização do ativo pode ocorrer quando do reconhecimento contábil de uma determinada receita para a empresa, através da aquisição de recursos advindos de terceiros ou de seus sócios, ou pela alienação de outro ativo. Há o entendimento também de que ativo seria simplesmente o conjunto de bens e direitos à disposição da entidade.

O Pronunciamento Contábil Básico CPC nº 00 entende que um ativo deve ser controlado pela entidade e avaliável monetariamente. Deve, ainda, apresentar a possibilidade de geração de benefício econômico futuro, ou ser conversível em um benefício presente. Vejamos:

> 4.8. O benefício econômico futuro incorporado a um ativo é o seu potencial em contribuir, direta ou indiretamente, para o fluxo de caixa ou equivalentes de caixa para a entidade. Tal potencial pode ser produtivo, quando o recurso for parte integrante das atividades operacionais da entidade. Pode também ter a norma de conversibilidade em caixa ou equivalentes de

---

[9] Pronunciamento Contábil CPC nº 00, item 4.4.
[10] FUNDAÇÃO INSTITUTO DE PESQUISAS CONTÁBEIS, ATUARIAIS E FINANCEIRAS (Fipecafi). *Manual de contabilidade societária*. São Paulo: Atlas, 2010. p. 2.

caixa ou pode ainda ser capaz de reduzir as saídas de caixa, como no caso de processo industrial alternativo que reduza os custos de produção.

Os ativos, para fins demonstrativos, são classificados em circulante ou não circulante, a depender do seu prazo de realização. Cabe ressaltar que, anteriormente à convergência das normas contábeis, a Lei nº 6.404/1976 definia ativo como um conjunto de bens e direitos de propriedade de uma entidade. Tal definição não foi recepcionada após as normas trazidas pela convergência com o IFRS.

Podemos considerar como exemplos de ativos: dinheiro, valores a receber, ações, terrenos, prédios, máquinas, veículos etc.

Passivo

> "Passivo é uma obrigação presente da entidade, derivada de eventos passados, cuja liquidação se espera que resulte na saída de recursos da entidade capazes de gerar benefícios econômicos."[11]

Entende-se como passivo as obrigações e deveres de uma determinada entidade, cuja liquidação futura exigirá a liquidação de um ativo. Também pode ser conceituado como a origem dos recursos quando não aportados pelos sócios.

Isso significa que essas obrigações surgem em eventos passados e terão liquidações futuras que gerarão desembolso de recursos. No entanto esse desembolso implica benefícios econômicos que retornarão à companhia.

Um exemplo claro seria o de uma companhia que toma empréstimo com um banco. Nesse momento, contabiliza-se a

---

[11] Pronunciamento Contábil CPC nº 00, item 4.4.

entrada de recursos no caixa – valor decorrente do empréstimo – e, ao mesmo tempo, registra-se a obrigação futura de pagar/ restituir à instituição financeira que possibilitou tal benefício financeiro para a empresa.

Em relação ao passivo, o CPC nº 00 também traz sua relevante conceituação:

> 4.15. Uma característica essencial para a existência de passivo é que a entidade tenha uma obrigação presente. Uma obrigação é um dever ou responsabilidade de agir ou de desempenhar uma dada tarefa de certa maneira. As obrigações podem ser legalmente exigíveis em consequência de contrato ou de exigências estatutárias. Esse é normalmente o caso, por exemplo, das contas a pagar por bens e serviços e recebidos. Entretanto, obrigações surgem também de práticas usuais do negócio, de usos e costumes e do desejo de manter boas relações comerciais ou agir de maneira equitativa. Desse modo, se, por exemplo, a entidade que decida, por questão de política mercadológica ou de imagem, retificar defeitos em seus produtos, mesmo quando tais defeitos tenham se tornado conhecidos depois da expiração do período da garantia, as importâncias que espera gastar com os produtos já vendidos constituem passivos.
>
> 4.16. Deve-se fazer uma distinção entre obrigação presente e compromisso futuro. A decisão da administração de uma entidade para adquirir ativos no futuro não dá origem, por si só, a uma obrigação presente. A obrigação normalmente surge somente quando um ativo é entregue ou a entidade ingressa em acordo irrevogável para adquirir o ativo. Nesse último caso, a natureza irrevogável do acordo significa que as consequências econômicas de deixar de cumprir a obrigação, como, por exemplo, em função da existência de penalidade contratual significativa, deixam a entidade com pouca, caso haja alguma, liberdade para evitar o desembolso de recursos em favor da outra parte.

De maneira objetiva, pode-se dizer que o passivo compreende a exigibilidade e as obrigações. Os passivos, assim como os ativos, para fins demonstrativos, são classificados em circulante ou não circulante, a depender do seu prazo de realização.

Patrimônio líquido (PL)

> "Patrimônio líquido é o interesse residual nos ativos da entidade depois de deduzidos todos os seus passivos."[12]

O patrimônio líquido representa os recursos que são financiados pelos sócios das companhias materializados como capital, podendo ser representado também através de lucros retidos pelas entidades. Seu aumento se dará a partir de aferimento de lucros gerados pela empresa. De forma prática, esse patrimônio é equacionado da seguinte maneira:

> Patrimônio líquido = ativo – passivo

O Pronunciamento Contábil CPC nº 00 deixa claro que o patrimônio líquido não é somente um resquício patrimonial, e complementa:

> 4.20. Embora o patrimônio líquido seja definido no item 4.4 como algo residual, ele pode ter subclassificações no balanço patrimonial. Por exemplo, na sociedade por ações, recursos aportados pelos sócios, reservas resultantes de retenções de lucros e reservas representando ajustes para manutenção do capital podem ser demonstrados separadamente. Tais classifica-

---

[12] Ibid.

ções podem ser relevantes para a tomada de decisão dos usuários das demonstrações contábeis quando indicarem restrições legais ou de outra natureza sobre a capacidade que a entidade tem de distribuir ou aplicar de outra forma os seus recursos patrimoniais. Podem também refletir o fato de que determinadas partes com direitos de propriedade sobre a entidade têm direitos diferentes com relação ao recebimento de dividendos ou ao reembolso de capital.

Quando falamos em patrimônio líquido, vem à cabeça algo que seja próprio, que realmente faz parte da empresa. Isso materializa a equação acima aludida, demonstrando que o ativo, quando líquido de obrigações com terceiros, representaria o valor real que restará aos sócios. Por isso parte dos profissionais da contabilidade costuma afirmar que, por sua natureza, o patrimônio líquido é, na realidade, um passivo que a sociedade tem para com seus sócios.

Balanço patrimonial (BP)

Uma vez estudados os elementos do patrimônio da empresa, podemos estudar como os mesmos são dispostos.

Segundo o Fipecafi,[13] "o balanço tem por finalidade apresentar a posição financeira e patrimonial da empresa em determinada data, representando, portanto, uma posição estática".

O balanço patrimonial é uma demonstração obrigatória, que deve ser elaborada ao final de cada exercício da entidade. Por sua posição estática, costuma-se dizer que representa uma foto do patrimônio da empresa em determinada data.

---

[13] FUNDAÇÃO INSTITUTO DE PESQUISAS CONTÁBEIS, ATUARIAIS E FINANCEIRAS (Fipecafi). *Manual de contabilidade societária*, 2010, op. cit., p. 2.

O BP é visualmente representado com os ativos na parte esquerda, enquanto os passivos se localizam na parte superior direita e, normalmente, o patrimônio líquido é considerado na parte inferior direita. Vejamos.

Quadro 1
BALANÇO PATRIMONIAL

ATIVO (+)		PASSIVO (-)	
Bens		**Exigível**	
Caixa	500,00	Fornecedores	350,00
Estoque de mercadorias	200,00		
Móveis	100,00		
Veículos	300,00	**PATRIMÔNIO LÍQUIDO**	
Direitos		Diferença entre o Ativo – Passivo	
Duplicatas a receber	50,00	Capital	800,00
Total	**1.150,00**	**Total**	**1.150,00**

Note-se que no ativo as contas são ordenadas das que apresentam maior liquidez para as que apresentam maior dificuldade para serem convertidas em dinheiro. Já no passivo, as mesmas são ordenadas a partir das obrigações que podem ser exigíveis em um menor lapso temporal.

Tal arrumação decorre de obrigação legal e está prevista na Lei das S.A. (Lei nº 6.404/1976), em seu art. 178:

> Art. 178. No balanço, as contas serão classificadas segundo os elementos do patrimônio que registrem, e agrupadas de modo a facilitar o conhecimento e a análise da situação financeira da companhia.
> § 1º. No ativo, as contas serão dispostas em ordem decrescente de grau de liquidez dos elementos nelas registrados, nos seguintes grupos:
> I - ativo circulante; e

II - ativo não circulante, composto por ativo realizável a longo prazo, investimentos, imobilizado e intangível.

§ 2º. No passivo, as contas serão classificadas nos seguintes grupos:
I - passivo circulante;
II - passivo não circulante; e
III - patrimônio líquido, dividido em capital social, reservas de capital, ajustes de avaliação patrimonial, reservas de lucros, ações em tesouraria e prejuízos acumulados.

O CPC nº 26[14] também deve ser consultado acerca da escrituração e apresentação do balanço patrimonial.

Resultado

Além dos seus componentes patrimoniais, a empresa possui também o resultado do seu exercício profissional.

A apuração do resultado é que determinará se determinada empresa apresentou lucro ou prejuízo em determinado período. Esse resultado advém do confronto entre as receitas e despesas da companhia.

Caso a empresa possua mais receitas do que despesas, gerará lucro; caso tenha mais despesas do que receitas, gerará prejuízo. Esse resultado, após o encerramento do exercício, será distribuído aos sócios (se houver lucro), ou será transferido para o patrimônio líquido. Em caso de lucro, será constatado um aumento do patrimônio líquido. Em caso de prejuízo, será constatada uma diminuição do patrimônio líquido. O resultado também possui sua demonstração própria, chamada demons-

---

[14] O CPC nº 26 (R1), Apresentação das Demonstrações Contábeis, aprovado em 2 de dezembro de 2011 e divulgado em 15 de dezembro do mesmo ano, está disponível em: <www.cpc.org.br/CPC/Documentos-Emitidos/Pronunciamentos/Pronunciamento?Id=57>. Acesso em: 15 jun. 2015.

tração do resultado do exercício, que será estudada em um próximo capítulo.

Receitas

Segundo o Pronunciamento CPC nº 30, em seu item 7:[15]

> Receita é o ingresso bruto de benefícios econômicos durante o período observado no curso das atividades ordinárias da entidade que resultam no aumento do seu patrimônio líquido, exceto os aumentos de patrimônio líquido relacionados às contribuições dos proprietários.

A receita decorrerá do próprio exercício da entidade, sendo oriunda das vendas (no caso de empresa que exerça a comercialização de produtos), da prestação dos serviços (no caso de prestadora de serviços) etc. A receita implicará a geração ou aumento de ativo, ou ainda a liquidação de um passivo.

O Pronunciamento CPC nº 00 complementa a definição de receita, trazendo o conceito de ganho:

> 4.29. A definição de receita abrange tanto receitas propriamente ditas quanto ganhos. A receita surge no curso das atividades usuais da entidade e é designada por uma variedade de nomes, tais como vendas, honorários, juros, dividendos, *royalties*, aluguéis.
> 4.30. Ganhos representam outros itens que se enquadram na definição de receita e podem ou não surgir no curso das atividades usuais da entidade, representando aumentos nos benefícios econômicos e, como tais, não diferem, em natureza,

---

[15] O CPC nº 30 (R1), Receitas, aprovado em 19 de outubro de 2012 e divulgado em 8 de novembro do mesmo ano, está disponível em: <www.cpc.org.br/CPC/Documentos-Emitidos/Pronunciamentos/Pronunciamento?Id=61>. Acesso em: 15 jun. 2015.

das receitas. Consequentemente, não são considerados como elemento separado nesta Estrutura Conceitual.

4.31. Ganhos incluem, por exemplo, aqueles que resultam da venda de ativos não circulantes. A definição de receita também inclui ganhos não realizados. Por exemplo, os que resultam da reavaliação de títulos e valores mobiliários negociáveis e os que resultam de aumentos no valor contábil de ativos de longo prazo. Quando esses ganhos são reconhecidos na demonstração do resultado, eles são usualmente apresentados separadamente, porque sua divulgação é útil para fins de tomada de decisões econômicas. Os ganhos são, em regra, reportados líquidos das respectivas despesas.

4.32. Vários tipos de ativos podem ser recebidos ou aumentados por meio da receita; exemplos incluem caixa, contas a receber, bens e serviços recebidos em troca de bens e serviços fornecidos. A receita também pode resultar da liquidação de passivos. Por exemplo, a entidade pode fornecer mercadorias e serviços ao credor por empréstimo em liquidação da obrigação de pagar o empréstimo.

Despesas

Quando a entidade utiliza, e assim consome, um dos recursos que ela possuía, podemos dizer que a mesma está incorrendo em uma despesa. Dessa forma, as despesas correspondem a um decréscimo patrimonial que ocorreu no exercício determinado.

A despesa pode ocorrer como uma saída ou redução de ativo, ou um aumento de passivo, salvo nos casos em que tal variação ocorra em razão de distribuição de resultado ou diminuição do capital social.

No conceito de despesas incluem-se as despesas propriamente ditas e os custos, que são gastos diretamente relacionados à produção de bens ou à prestação de serviços pela entidade.

O Pronunciamento CPC nº 00 demonstra ainda que, conjuntamente às despesas, serão consideradas as perdas.

4.33. A definição de despesas abrange tanto as perdas quanto as despesas propriamente ditas que surgem no curso das atividades usuais da entidade. As despesas que surgem no curso das atividades usuais da entidade incluem, por exemplo, o custo das vendas, salários e depreciação. Geralmente, tomam a forma de desembolso ou redução de ativos como caixa e equivalentes de caixa, estoques e ativo imobilizado.

4.34. Perdas representam outros itens que se enquadram na definição de despesas e podem ou não surgir no curso das atividades usuais da entidade, representando decréscimos nos benefícios econômicos e, como tais, não diferem, em natureza, das demais despesas. Consequentemente, não são consideradas como elemento separado nesta Estrutura Conceitual.

4.35. Perdas incluem, por exemplo, as que resultam de sinistros como incêndio e inundações, assim como as que decorrem da venda de ativos não circulantes. A definição de despesas também inclui as perdas não realizadas. Por exemplo, as que surgem dos efeitos dos aumentos na taxa de câmbio de moeda estrangeira com relação aos empréstimos da entidade a pagar em tal moeda. Quando as perdas são reconhecidas na demonstração do resultado, elas são geralmente demonstradas separadamente, pois sua divulgação é útil para fins de tomada de decisões econômicas. As perdas são, em regra, reportadas líquidas das respectivas receitas.

Demonstração do resultado do exercício (DRE)

Assim como o balanço patrimonial, a demonstração do resultado do exercício também possui caráter obrigatório. A mesma deve ser dedutiva e possuir os detalhes necessários relativos às receitas e despesas, bem como a demonstração clara da ocorrência de lucro ou prejuízo em determinado período. A obrigatoriedade de tal demonstração está prevista na Lei nº 6.404/1976, no art. 187. Vide abaixo:

> Art. 187. A demonstração do resultado do exercício discriminará:
> I - a receita bruta das vendas e serviços, as deduções das vendas, os abatimentos e os impostos;
> II - a receita líquida das vendas e serviços, o custo das mercadorias e serviços vendidos e o lucro bruto;
> III - as despesas com as vendas, as despesas financeiras, deduzidas das receitas, as despesas gerais e administrativas, e outras despesas operacionais;
> IV - o lucro ou prejuízo operacional, as outras receitas e as outras despesas; (Redação dada pela Lei nº 11.941, de 2009)
> V - o resultado do exercício antes do Imposto sobre a Renda e a provisão para o imposto;
> VI - as participações de debêntures, empregados, administradores e partes beneficiárias, mesmo na forma de instrumentos financeiros, e de instituições ou fundos de assistência ou previdência de empregados, que não se caracterizem como despesa;
> VII - o lucro ou prejuízo líquido do exercício e o seu montante por ação do capital social.
> § 1º. Na determinação do resultado do exercício serão computados:
> a) as receitas e os rendimentos ganhos no período, independentemente da sua realização em moeda; e
> b) os custos, despesas, encargos e perdas, pagos ou incorridos, correspondentes a essas receitas e rendimentos.

O Pronunciamento CPC nº 26 também devem ser consultado sobre o modo de escrituração da DRE.

Segue exemplo de organização e escrituração de uma DRE.

Quadro 2
EXEMPLO DE UMA DRE

Demonstração do Resultado do Exercício - DRE
1 Receita Operacional Bruta
a) Venda de Mercadorias
b) Serviços Prestados
2 (-) Deduções
a) Devoluções de Vendas
b) ICMS sobre Vendas
c) ISS sobre serviços prestados
3 (=) Receita Operacional Líquida
4 (-) Custos
a) Custos das Mercadorias Vendidas – CMV
b) Custos dos Produtos Vendidos – CPV
c) Custos dos Serviços Prestados – CSP
5 Lucro Bruto
6 (-) Despesas Operacionais
a) Despesas com Vendas
b) Despesas Financeiras
c) Despesas Administrativas (*G&A*)
7 (=) Lucro Operacional
8 (+) Outras Receitas
9 (-) Outras Despesas
10 (=) Lucro Líquido antes do IR e da CS (LAIRCS)
11 (-) Imposto de Renda e Contribuição Social
a) Corrente
b) Diferido
12 (=) Lucro ou Prejuízo Líquido do Exercício

Demonstrações financeiras (DFs)

As demonstrações financeiras, também chamadas de demonstrações contábeis, são o conjunto das informações que devem ser elaboradas e divulgadas pelas empresas obrigadas a tanto por lei.

Tais demonstrações têm como propósito disponibilizar as informações contábeis e financeiras das empresas aos usuários da contabilidade, sejam seus sócios ou acionistas, eventuais investidores e até seus fornecedores e credores.

No Brasil as sociedades anônimas de capital aberto (aquelas cujas ações são negociadas em bolsa de valores), bem como as sociedades anônimas fechadas de grande porte, são obrigadas a elaborar e publicar suas demonstrações após as mesmas terem sido auditadas por uma empresa de auditoria independente, registrada na CVM.

O CPC nº 26, em seu item 7, conceitua as DFs:

> Demonstrações contábeis de propósito geral (referidas simplesmente como demonstrações contábeis) são aquelas cujo propósito reside no atendimento das necessidades informacionais de usuários externos que não se encontram em condições de requerer relatórios especificamente planejados para atender às suas necessidades peculiares.

Diversas demonstrações devem compor uma demonstração financeira. Além do balanço patrimonial (BP) e da demonstração do resultado do exercício (DRE), que estudamos acima, outras demonstrações também são previstas pela legislação, como:

❑ demonstração dos lucros e prejuízos acumulados (DLPA);
❑ demonstração do fluxo de caixa (DFC);
❑ demonstração do valor adicionado (DVA).

A análise dessas informações possibilita a tomada de decisões por seus usuários, caracterizando-se assim como de extrema importância para o cenário econômico de um país.

Questões de automonitoramento

1) Após ler este capítulo, você é capaz de resumir os casos geradores do capítulo 5, identificando as partes envolvidas, os problemas atinentes e as soluções cabíveis?
2) Cite quatro características de ativo.
3) Cite quatro usuários da contabilidade. Justifique.
4) Descreva a diferença entre patrimônio e patrimônio líquido.
5) Pense e descreva, mentalmente, alternativas para solução dos casos geradores do capítulo 5.

2

Contribuições. Normas gerais. Natureza jurídica. Competência. Desvio da finalidade. Espécies

Roteiro de estudo

Considerações preliminares

Preliminarmente ao enfrentamento da natureza jurídica das contribuições especiais, bem como à abordagem de questões específicas sobre o assunto, como a divisão interna e seus tipos e a destinação específica do produto de sua arrecadação, há de se reforçar que estas constituem uma das espécies tributárias autônomas previstas no corpo do Sistema Tributário Nacional (STN), que está concentrado entre os arts. 145 e 162 da Constituição da República Federativa do Brasil (CRFB/1988).

A rigor, o referido Sistema Tributário Nacional é integrado por diversas espécies de exações, cuja classificação é alvo de divergência entre inúmeros doutrinadores de relevo no direito tributário brasileiro.

Fato é que as teorias sobre a divisão das espécies tributárias evoluíram ao longo do tempo, indo desde uma divisão bipartida, em que os tributos se dividiam apenas entre duas espécies – os impostos e as taxas –,[16] passando por uma visão tripartida, que – em prestígio ao disposto no art. 145 da CRFB/1988 – acaba por segregar tais espécies em impostos, taxas e contribuições de melhoria,[17] até chegar à exegese de que seriam quatro as espécies (teoria quadripartida) ou mesmo cinco (teoria quinquipartida). É de se ressaltar que hodiernamente as teorias sobre a divisão das espécies tributárias que mais se destacam são as teorias quadripartida – também chamada de quadripartite – e a quinquipartida (também chamada de quinquipartite).

O ponto de divergência fundamental entre as teorias acima mencionadas repousa justamente no tema relacionado às contribuições, já que os partidários da vertente quadripartida

---

[16] Alfredo Augusto Becker afirma a existência de apenas duas espécies de tributo, adotando a teoria bipartida: imposto e taxa. Para o citado autor, enquanto as taxas têm sua base de cálculo representada por um serviço estatal ou coisa estatal, a base de cálculo dos impostos é um fato lícito qualquer, não consistente em serviço estatal ou coisa estatal. No mesmo sentido, Geraldo Ataliba sustenta existirem apenas duas espécies de tributo: vinculados ou não vinculados a uma ação estatal. Quando inexistir essa vinculação, estar-se-á diante de impostos, tributos não vinculados. Entretanto, caracterizada a vinculação do tributo à atuação do Estado, tem-se a taxa ou contribuição. Em verdade por sua ótica, a diferença entre as taxas e as contribuições estaria em que as taxas têm por base imponível uma dimensão da atuação estatal; já a verdadeira contribuição teria uma base designada por lei representada por uma medida (um aspecto dimensível) do elemento intermediário, posto como causa ou efeito da atuação estatal (BECKER, Alfredo Augusto. *Teoria geral do direito tributário*. 2. ed. São Paulo: Saraiva, 1972. p. 371-372; ATALIBA, Geraldo. *Hipótese de incidência tributária*. São Paulo: Revista dos Tribunais, 1973. p. 139 e segs.).

[17] Discordando da teoria bipartida, Sacha Calmon Navarro Coêlho enumera três espécies tributárias (teoria tripartida – tributos vinculados ou não à atuação estatal): imposto, taxa e contribuição de melhoria (art. 145 da CRFB/1988). O tributo terá natureza de imposto sempre que sua exigência não esteja vinculada a uma atuação do Estado em favor do contribuinte. De modo diverso, o tributo terá natureza de taxa e/ou contribuição de melhoria sempre que sua exigência esteja vinculada a uma atividade do Estado em função da pessoa do contribuinte (taxa vinculada ao exercício do poder de polícia ou à prestação de um serviço público específico e indivisível; contribuição de melhoria, vinculada à elaboração de obra pública que gere uma valorização imobiliária em favor do contribuinte). Desse modo, se o fato gerador de uma contribuição social ou empréstimo compulsório estiver vinculado a uma atuação estatal em favor do contribuinte, estaremos diante de uma taxa. Caso contrário, a contribuição intitulada como parafiscal e o empréstimo compulsório terão natureza de imposto (COÊLHO, Sacha Calmon Navarro. *Curso de direito tributário brasileiro*. 6. ed. Rio de Janeiro: Forense, 2003. p. 398-400).

sustentam que a espécie de contribuições deve ser entendida em sentido *lato*, abrangendo contribuições de melhoria e contribuições especiais.

Ricardo Lobo Torres[18] adota a *teoria quadripartida*, considerando que outras contribuições ingressaram no rol dos tributos com o novo delineamento que a CRFB/1988 conferiu ao Sistema Tributário Nacional, devendo-se levar em conta para tal classificação, portanto, os arts. 148 e 149 do Texto Fundamental, agregando-se sob a categoria única de contribuições as dispostas no art. 149 da CRFB/1988 e aquela prevista no art. 145 do mesmo diploma. Assim, o tributo é gênero em que são espécies o imposto, a taxa, as contribuições e o empréstimo compulsório.

Para o citado autor,[19] cujo entendimento é partilhado pelo ministro do Supremo Tribunal Federal Carlos Velloso,[20]

> as contribuições sociais, de intervenção no domínio econômico e de interesse de categorias profissionais ou econômicas, referidas no art. 149, devem se amalgamar conceptualmente às contribuições de melhoria mencionadas no art. 145, III, subsumindo-se todas no conceito mais amplo de contribuições especiais.

No entanto, a teoria majoritária é a quinquipartida, que divide as espécies tributárias em: impostos, taxas, contribuição de melhoria, contribuições especiais e empréstimo compulsório. Essa corrente doutrinária está, inclusive, em consonância com

---

[18] TORRES, Ricado Lobo. *Curso de direito financeiro e tributário*. 11. ed. atual. até a publicação da Emenda Constitucional nº 44, de 30 de junho de 2004. Rio de Janeiro: Renovar, 2004. p. 369.
[19] Ibid.
[20] BRASIL. Supremo Tribunal Federal. Pleno. RE nº 138.284/CE. Relator: ministro Carlos Velloso. Julgado em 1º de julho de 1992. *DJ*, 28 ago. 1992.

o entendimento do Supremo Tribunal Federal[21] e é defendida, entre outros, por Hugo de Brito Machado.[22]

Registre-se que a aptidão para discriminar as diversas espécies de tributos e, portanto, identificar, em determinado caso concreto, de que espécie se está tratando, mostra-se relevante na medida em que permite distinguir o regime jurídico ao qual se submete a hipótese, porquanto, como exemplifica Leandro Paulsen,[23]

> a União não pode criar dois impostos com mesmo fato gerador e base de cálculo, nem duas contribuições com mesmo fato gerador e base de cálculo; mas não há óbice constitucional a que seja criada contribuição social com fato gerador idêntico a de imposto já existente. Indispensável, pois, surgindo uma exação, conseguir-se saber com segurança se se cuida de um novo imposto ou de uma nova contribuição.

Feitas essas considerações iniciais, passaremos, então, a analisar as características típicas da espécie tributária autônoma, identificada pela teoria majoritária quinquipartida como sendo a das *contribuições especiais*.

---

[21] O ministro Moreira Alves, ao externar seu voto no julgamento do RE nº 146.733-9/SP, afirmou: "De fato, a par das três modalidades de tributos (os impostos, as taxas e as contribuições de melhoria) a que se refere o artigo 145 para declarar que são competentes para instituí-los a União, os Estados, o Distrito Federal e os Municípios, os artigos 148 e 149 aludem a duas outras modalidades tributárias, para cuja instituição só a União é competente: o empréstimo compulsório e as contribuições sociais, inclusive as de intervenção no domínio econômico e de interesse das categorias profissionais ou econômicas". Cf.: BRASIL. Supremo Tribunal Federal. Pleno. RE nº 146.733-9/SP. Relator: ministro Moreira Alves. Julgado em 29 de junho de 1992. *DJ*, 6 nov. 1992.

[22] MACHADO, Hugo de Brito. *Curso de direito tributário*. 21. ed. rev. atual. e ampl. São Paulo: Malheiros, 2002. p. 57.

[23] PAULSEN, Leandro. *Direito tributário*: Constituição e Código Tributário à luz da doutrina e da jurisprudência. 9. ed. rev. e atual. Porto Alegre: Livraria do Advogado, 2007. p. 31.

Normas gerais e natureza jurídica das contribuições especiais

A norma matriz das contribuições especiais está no art. 149 da CRFB/1988, e apenas a União detém competência para instituir as contribuições especiais previstas no *caput* daquele mesmo artigo, quais sejam, (1) contribuições sociais; (2) contribuições de intervenção no domínio econômico; e (3) contribuições de interesse de categorias profissionais ou econômicas.

De toda forma, a todos os entes federados foi outorgada competência para instituir um tipo de contribuição previdenciária singular; aquela cobrada de seus servidores estatutários para o custeio, em benefício destes, do sistema próprio de previdência e assistência social.

Outra característica que se depreende de nossa Constituição é que a contribuição especial, ao lado dos empréstimos compulsórios, é uma espécie tributária marcada por sua destinação, pois constitui um ingresso obrigatoriamente direcionado a financiar a atuação do Estado em determinado setor social ou econômico (regulatório).

A propósito, vale mencionar a lição de Misabel Abreu Machado Derzi, em nota de atualização da obra de Aliomar Baleeiro,[24] e no seguinte sentido:

> A Constituição de 1988, pela primeira vez, cria tributo finalisticamente afetado, que são as contribuições e os empréstimos compulsórios, dando à destinação que lhes é própria relevância não apenas do ponto de vista do Direito Financeiro ou administrativo, mas igualmente do Direito Tributário.
>
> Tais despesas estão predefinidas na Constituição Federal e são para as contribuições:

---

[24] BALEEIRO, Aliomar. *Limitações constitucionais ao poder de tributar*. 7. ed. Rio de Janeiro: Forense, 2001. p. 598.

❑ o custeio da Seguridade Social, habitação, educação ou outra meta, prevista na Ordem Social ou nos direitos sociais, a serem atingidos pelo Estado Democrático de Direito;

❑ o financiamento dos gastos de intervenção do Estado no domínio econômico, conforme as ações definidas no Capítulo da Ordem Econômica; e

❑ a manutenção de entidades, instituídas no interesse de categorias profissionais ou econômicas.

A destinação passou a fundar o exercício da competência da União. Sem afetar o tributo às despesas expressamente previstas na Constituição, falece competência à União para criar contribuições.

O Supremo Tribunal Federal, ao julgar o já referido RE nº 138.284/CE, por meio do qual se questionava a constitucionalidade da Lei nº 7.689/1988, que instituiu a contribuição social sobre o lucro, definiu alguns pontos cruciais à disciplina das contribuições em referência, entre os quais a natureza tributária da contribuição social. Destaca-se no corpo do voto do ministro relator Carlos Velloso, o entendimento de que o art. 149 da CRFB/1988

> instituiu três tipos de contribuições: a) contribuições sociais, b) de intervenção, c) corporativas. As primeiras – as contribuições sociais –, desdobram-se, por sua vez, em a.1) contribuições de seguridade social; a.2) outras de seguridade social; e a.3) contribuições sociais gerais.[25]

---

[25] "CONSTITUCIONAL. TRIBUTÁRIO. CONTRIBUIÇÕES SOCIAIS. CONTRIBUIÇÕES INCIDENTES SOBRE O LUCRO DAS PESSOAS JURÍDICAS. Lei n. 7.689, de 15/12/1988. I. - Contribuições parafiscais: contribuições sociais, contribuições de intervenção e contribuições corporativas. CF, art. 149. Contribuições sociais de seguridade social. CF, arts. 149 e 195. As diversas espécies de contribuições sociais. II. - A contribuição da Lei 7.689, de 15/12/1988, e uma contribuição social instituída com base no art. 195,

Assim, as *contribuições sociais* ainda se subdividem em (1) contribuições sociais da seguridade social e (2) contribuições sociais gerais. As *contribuições sociais da seguridade social*, com previsão constitucional no art. 195 da CRFB/1988 e no art. 74 do Ato das Disposições Constitucionais Transitórias, são submetidas ao princípio da anterioridade nonagesimal (art. 195, § 6º, da CRFB/1988), podendo ser instituídas mediante edição de lei ordinária.

A rigor, as contribuições sociais da seguridade social são as que mais desafiam controvérsia na doutrina e na jurisprudência e dividem-se nas seguintes modalidades: (1) as do inciso I do art. 195 da CRFB/1988, que são as contribuições do empregador, da empresa e da entidade a ela equiparada na forma da lei; (2) as contribuições dos trabalhadores e demais segurados da previdência social, disciplinada pelo inciso II do art. 195 da CRFB/1988; (3) as contribuições incidentes sobre a receita de concursos de prognósticos, tratada pelo inciso III do art. 195 da CRFB/1988; (4) a contribuição do importador de bens ou serviços do exterior, ou de quem a lei a ele equiparar (art. 195, IV, da CRFB/1988); e (5) a contribuição do produtor, do parceiro, do meeiro e do arrendatário rurais e do pescador artesanal, bem

---

I, da Constituição. As contribuições do art. 195, I, II, III, da Constituição, não exigem, para a sua instituição, lei complementar. Apenas a contribuição do parag. 4. do mesmo art. 195 é que exige, para a sua instituição, lei complementar, dado que essa instituição deverá observar a técnica da competência residual da União (CF, art. 195, parag. 4.; CF, art. 154, I). Posto estarem sujeitas a lei complementar do art. 146, III, da Constituição, porque não são impostos, não há necessidade de que a lei complementar defina o seu fato gerador, base de cálculo e contribuintes (CF, art. 146, III, 'a'). III. - Adicional ao imposto de renda: classificação desarrazoada. IV. - Irrelevância do fato de a receita integrar o orçamento fiscal da União. O que importa e que ela se destina ao financiamento da seguridade social (Lei 7.689/1988, art. 1.). V. - Inconstitucionalidade do art. 8., da Lei 7.689/1988, por ofender o princípio da irretroatividade (CF, art. 150, III, 'a') qualificado pela inexigibilidade da contribuição dentro no prazo de noventa dias da publicação da lei (CF, art. 195, parág. 6). Vigência e eficácia da lei: distinção. VI. - Recurso Extraordinário conhecido, mas improvido, declarada a inconstitucionalidade apenas do artigo 8. da Lei 7.689, de 1988" (BRASIL. Supremo Tribunal Federal. Pleno. RE nº 138.284/CE. Relator: ministro Carlos Velloso. Julgamento em 1º de julho de 1992. *DJ*, 28 ago. 1992).

como dos respectivos cônjuges, que exerçam suas atividades em regime de economia familiar, sem empregados permanentes, mediante a aplicação de uma alíquota sobre o resultado da comercialização da produção, e fazendo jus aos benefícios nos termos da lei (art. 195, § 8º, da CRFB/1988).

É de se notar que o rol previsto na Carta da República é exemplificativo, porquanto, na forma do § 4º do art. 195 da CRFB/1988 a lei poderá instituir outras fontes destinadas a garantir a manutenção ou expansão da seguridade social, obedecido o disposto no art. 154, I, da CRFB/1988. Nesse passo, há uma atribuição de competência residual à União para, por meio de lei complementar, instituir novas contribuições sociais que não digam respeito às referidas no *caput* do art. 195 do Texto Fundamental.[26]

Como mencionamos, há outros tipos de contribuições sociais, que são aquelas destinadas a finalidades sociais diversas da seguridade social, quais sejam, as *contribuições sociais gerais*, representadas pelo salário educação, previsto no art. 212, § 5º, da CRFB/1988, e pelas contribuições destinadas às entidades privadas de serviço social e de formação profissional vinculadas ao sistema sindical (Sesc, Sesi, Senai, Senac),[27] conforme dispõe o art. 240 da CRFB/1988.

As contribuições acima aludidas, por força do art. 149 da CRFB/1988, poderão ser instituídas mediante a edição de lei ordinária, observando-se o princípio da anterioridade.

---

[26] De acordo com Luiz Emygdio F. da Rosa Júnior, "o STF decidiu que a remissão contida na parte final do art. 195, § 4º, da CF, ao art. 154, refere-se somente à necessidade de lei complementar para criação de novas contribuições, não proibindo a coincidência da base de cálculo da contribuição social com a base de cálculo de imposto já existente (RE 228.321-RS, REL. Min. Carlos Velloso, Plenário, 1/10/98, Informativo STF n. 125, p. 1)" (ROSA JÚNIOR, Luiz Emygdio F. da. *Manual de direito financeiro e tributário*. 16. ed. Rio de Janeiro: Renovar, 2001. p. 425.

[27] É importante destacar que, conforme entendimento já consagrado na jurisprudência, a contribuição para o Sebrae instituída por força do § 3º do art. 8º da Lei nº 8.029/1990, possui a natureza jurídica de contribuição de intervenção no domínio econômico. Nesse sentido, vide páginas 67-68, *infra*.

A par das contribuições sociais, o art. 149 da CRFB/1988 fixa a competência tributária da União para instituir *contribuições de intervenção no domínio econômico*, que se caracterizam como instrumento de intervenção estatal de regulação, por meio de intervenção na economia privada.[28]

Finalmente, temos as *contribuições no interesse das categorias profissionais e econômicas*, de competência da União Federal, que as poderá instituir mediante a edição de lei ordinária, observando-se o princípio da anterioridade. Essas contribuições são devidas em razão do benefício do contribuinte que participa do grupo profissional em favor do qual se desenvolve a atividade indivisível do Estado.

São destinadas às entidades que representam, regulamentam e fiscalizam o exercício das profissões, como os conselhos profissionais (v.g. Cremerj, Crea etc.), os sindicatos de trabalhadores (contribuição sindical, prevista na Consolidação das Leis do Trabalho – CLT), bem como os sindicatos patronais.[29]

Não se pode deixar de abordar o fato de que a Emenda Constitucional nº 39/2002 autorizou a instituição de uma *contribuição para o custeio do serviço de iluminação pública pelos municípios* (Cosip), por meio da inserção do art. 149-A na CRFB/1988 com a justificativa da necessidade de permitir aos municípios que pudessem

---

[28] Como exemplos de contribuições de intervenção no domínio econômico, podemos citar o adicional ao frete para renovação da marinha mercante (AFRMM), cujo objetivo básico é arrecadar valores destinados à realização de obras de melhoramento nos portos e serviços de conservação na frota de marinha mercante nacional e a Cide-combustíveis. As especificidades dessas contribuições de intervenção no domínio econômico serão objeto de seção própria sobre o tema.

[29] Com relação à contribuição devida à Ordem dos Advogados do Brasil (OAB), vale mencionar que o Superior Tribunal de Justiça entendeu que as contribuições pagas pelos seus filiados àquela autarquia não têm natureza tributária, fomentando tal decisão no argumento – ao que tudo indica, equivocado – de que, embora definida como autarquia profissional de regime especial ou *sui generis*, a OAB não se confunde com as demais corporações incumbidas do exercício profissional. Cf.: BRASIL. Superior Tribunal de Justiça. Primeira Seção. EREsp nº 503.252/SC. Relator: ministro Castro Meira. Julgamento em 25 de agosto de 2004. *DJ*, 18 out. 2004.

obter recursos mediante a incidência sobre prestações públicas indivisíveis, pois o Supremo Tribunal Federal declara a inconstitucionalidade da taxa de iluminação pública por ter por fato gerador serviço inespecífico, não mensurável, indivisível e insuscetível de ser referido a determinado contribuinte.[30]

A despeito de ser uma nítida ação do constituinte derivado no sentido de contornar a jurisprudência do Pretório Excelso, que de há muito reconhecia a inconstitucionalidade de custear-se o serviço de iluminação pública por meio de taxa, aquela mesma Corte Suprema, após a edição da EC nº 39/2002 reconheceu então a constitucionalidade da cobrança de tal exação, como demonstra a ementa do seguinte julgado:

> Ementa: AGRAVO REGIMENTAL NO RECURSO EXTRAORDINÁRIO. CONSTITUCIONAL. TRIBUTÁRIO E PROCESSO CIVIL. CONTRIBUIÇÃO DE ILUMINAÇÃO PÚBLICA. ARTIGO 149-A DA CF. JULGAMENTO DE MÉRITO DO TEMA COM REPERCUSSÃO GERAL RECONHECIDA PELA CONSTITUCIONALIDADE DA CONTRIBUIÇÃO. MANUTENÇÃO DO ACÓRDÃO CONTRÁRIO AO JULGADO DO STF – ARTIGO 543-B, § 4º, DO CPC – REFORMA LIMINAR DO ACÓRDÃO RECORRIDO. AGRAVO REGIMENTAL A QUE SE NEGA PROVIMENTO. 1. A repercussão geral, quando reconhecida, e julgado o mérito do recurso extraordinário, enseja à instância de origem exercer o juízo de retratação, de modo a aplicar a tese firmada pelo STF no julgamento do paradigma que fundamentou a devolução do processo, consoante o disposto no artigo 543-B, § 3º, do CPC. 2. O Tribunal de origem decidiu manter o entendimento contrário à tese firmada pelo STF, cabendo a

---

[30] BRASIL. Supremo Tribunal Federal. Tribunal Pleno. RE nº 233.332. Relator: ministro Ilmar Galvão. Julgamento em 10 de março de 1999. *DJ*, 14 maio 1999.

esta Corte Suprema a cassação ou reforma liminar do acórdão contrário à orientação da Corte. 3. *O STF, no precedente firmado no julgamento do RE 573.675, decidiu que a contribuição para o custeio do serviço de iluminação pública, consoante o disposto no artigo 149-A da CF/88, é constitucional*. 4. Agravo regimental a que se nega provimento [grifo meu].[31]

Pois bem, do que se depreende da estrutura da Cosip, não é tarefa fácil enquadrá-la em qualquer das três tipologias anteriores, razão pela qual alguns doutrinadores, como Hugo de Brito Machado,[32] suscitam o questionamento quanto à existência de verdadeira incompatibilidade conceitual entre a contribuição para o custeio do serviço de iluminação pública e a espécie tributária intitulada contribuição especial.

Em verdade, essa inovação constitucional trata de hipótese tributária cujo aspecto material exige tanto uma ação do Estado quanto um fato da esfera do contribuinte, sendo que o resultado auferido com sua arrecadação é finalisticamente afetado,[33] e o grau de referibilidade (proporcionalidade) existente entre a atividade estatal e o valor pago pelo contribuinte não se dá de forma específica e divisível.[34]

---

[31] BRASIL. Supremo Tribunal Federal. Primeira Turma. RE nº 642.938 AgR. Relator: ministro Luiz Fux. Julgamento em 29 de maio de 2012. *DJe* 121, 21 jun. 2012.
[32] MACHADO, Hugo de Brito. A contribuição de iluminação pública (CIP). *Portal Domínio Público*, 2003b. Disponível em: <www.dominiopublico.gov.br/download/texto/bd000009.pdf>. Acesso em: 8 out. 2012. No mesmo sentido, HARADA, Kiyoshi. Contribuição para custeio da iluminação pública. *Jus Navigandi*, Teresina, ano 8, n. 65, 1º maio 2003. Disponível em: <http://jus.com.br/revista/texto/ 4076>. Acesso em: 8 out. 2012.
[33] Diferentemente do imposto, já que o produto de sua arrecadação não pode estar vinculado a órgão, fundo ou despesa, salvo exceções previstas expressamente no art. 167, IV, da CRFB/1988, regra também chamada de não afetação das receitas dos impostos e cujo enunciado se traduz numa vedação dirigida ao legislador.
[34] Diferentemente da taxa, que exige um grau de referibilidade (proporcionalidade) mais estreito, ou seja, financia aquela atividade estatal que, em razão de sua divisibilidade e referibilidade a um indivíduo ou a um grupo determinável, pode ser financiada por meio de tributo pago por aquele a quem essa atividade estatal se dirige.

Considerando, assim, a necessária proporcionalidade – ínsita à espécie tributária eleita pelo constituinte derivado para suportar o custeio do serviço de iluminação pública prestado pelos entes municipais – forçoso é admitir que a base de cálculo de tais contribuições, como forma de confirmar o critério material da exação, deve estar em sintonia, ou seja, ter uma correspondência lógica, com esse mesmo aspecto material. Esse é o entendimento pretoriano do STF, como demonstra o precedente a seguir colacionado:

> EMENTA: CONSTITUCIONAL. TRIBUTÁRIO. RE INTERPOSTO CONTRA DECISÃO PROFERIDA EM AÇÃO DIRETA DE INCONSTITUCIONALIDADE ESTADUAL. CONTRIBUIÇÃO PARA O CUSTEIO DO SERVIÇO DE ILUMINAÇÃO PÚBLICA – COSIP. ART. 149-A DA CONSTITUIÇÃO FEDERAL. LEI COMPLEMENTAR 7/2002, DO MUNICÍPIO DE SÃO JOSÉ, SANTA CATARINA. COBRANÇA REALIZADA NA FATURA DE ENERGIA ELÉTRICA. UNIVERSO DE CONTRIBUINTES QUE NÃO COINCIDE COM O DE BENEFICIÁRIOS DO SERVIÇO. BASE DE CÁLCULO QUE LEVA EM CONSIDERAÇÃO O CUSTO DA ILUMINAÇÃO PÚBLICA E O CONSUMO DE ENERGIA. PROGRESSIVIDADE DA ALÍQUOTA QUE EXPRESSA O RATEIO DAS DESPESAS INCORRIDAS PELO MUNICÍPIO. OFENSA AOS PRINCÍPIOS DA ISONOMIA E DA CAPACIDADE CONTRIBUTIVA. INOCORRÊNCIA. EXAÇÃO QUE RESPEITA OS PRINCÍPIOS DA RAZOABILIDADE E PROPORCIONALIDADE. RECURSO EXTRAORDINÁRIO IMPROVIDO. I – Lei que restringe os contribuintes da COSIP aos consumidores de energia elétrica do município não ofende o princípio da isonomia, ante a impossibilidade de se identificar e tributar todos os beneficiários do serviço de iluminação pública. II – A progressividade da alíquota, que resulta do rateio do custo da iluminação pública entre os consumidores de energia elétrica, não afronta o princípio da capacidade contributiva. III – Tributo de caráter *sui generis*, que não se confunde com um imposto,

porque sua receita se destina a finalidade específica, nem com uma taxa, por não exigir a contraprestação individualizada de um serviço ao contribuinte. IV – Exação que, ademais, se amolda aos princípios da razoabilidade e da proporcionalidade. V – Recurso extraordinário conhecido e improvido.[35]

As leis municipais instituidoras da Cosip, portanto, devem estabelecer critérios legais harmônicos com a autorização contida no art. 149-A da CRFB/1988, respeitando, porque inafastáveis, os princípios constitucionais tributários, nomeadamente os axiomas limitadores da tributação, traduzidos nos princípios constitucionais da justiça e da igualdade tributária, que se efetivam, no que tange às contribuições, por meio da observância da capacidade contributiva, *ex vi* do art. 145, § 1º, do Texto Fundamental.

Ainda pende de julgamento no Supremo Tribunal Federal a análise da constitucionalidade da cobrança, pelos municípios e pelo Distrito Federal, da Cosip visando a satisfazer despesas com o melhoramento e a expansão da rede. O referido tema teve a repercussão geral reconhecida, conforme decisão veiculada no *DJ-e* de 17 de fevereiro de 2014, nos autos do RE nº 666.404/SP, no qual o município de São José do Rio Preto (SP) alega não ter a Cosip como fundamento exclusivo a prestação de serviços, mas também a provisão de custeio do sistema de iluminação pública, no qual estariam inseridas a instalação, manutenção, melhoria e expansão do sistema.

Desvio de finalidade

Um dos pontos que merece relevo no tema afeto às contribuições especiais diz respeito ao desvio de finalidade. Isso porque, no campo da instituição de tais contribuições, constitui

---

[35] BRASIL. Supremo Tribunal Federal. Tribunal Pleno. RE nº 573.675. Relator: ministro Ricardo Lewandowski. Julgamento em 25 de março de 2009. *DJe* 094, 22 maio 2009.

elemento distintivo para a identificação das espécies impositivas a exigência constitucional de previsão legal de destinação do produto de arrecadação à finalidade para o qual a sua instituição tenha sido autorizada, pois este critério permite afastar as contribuições dos impostos, sem identificá-las com os demais tributos.[36]

Dessa forma, o que se verifica é que, pela estrutura da exação delineada no texto constitucional, tudo indica que a finalidade desta apenas se concretizará com a efetiva destinação do produto arrecadado, na mesma linha do que assevera Roque Antonio Carrazza, ao defender que

> a regra-matriz constitucional destas contribuições agrega, de modo indissociável, a ideia de destinação. Queremos com tal assertiva sublinhar que, por imperativo da Lei Maior, os ingressos advindos da arrecadação destes tributos devem necessariamente ser destinados à viabilização ou ao custeio de uma das atividades mencionadas no art. 149 da CF.[37]

Nesse contexto, o ponto de divergência jurisprudencial e doutrinária gira justamente em saber se poderia ou não sustentar-se a inconstitucionalidade ou ilegalidade da cobrança de uma contribuição especial caso seja dada outra destinação ao montante arrecadado que não aquele apontado pela lei de instituição do tributo.

Para alguns, como Ricardo Conceição Souza, partindo da diferença entre *destinação legal* e *destinação efetiva*, a questão

---

[36] MARQUES, Márcio Severo. *Classificação constitucional dos tributos*. São Paulo: Max Limonad, 2000. p. 210.
[37] CARRAZZA, Roque Antônio. *Curso de direito constitucional tributário*. 23. ed. São Paulo: Malheiros, 2007. p. 570.

de desvio de finalidade diz respeito à *responsabilidade do governante*, nos termos do que preceitua o art. 85, VI, da CRFB/1988, matéria que foge, portanto, da órbita jurídico-tributária. Nas palavras do autor:

> [...] não se deve confundir destinação legal com destinação efetiva, pois são coisas totalmente distintas. Para efeito de identificação de uma contribuição, é necessário que o intérprete possa extrair da lei, dentre outros aspectos, o comando de vinculação do produto arrecadado à finalidade que legitimou a sua instituição.
>
> Agora, saber se o dinheiro arrecadado, de fato, está sendo enviado para o seu destino, já não é mais uma questão que diga respeito à relação jurídica de cunho tributário, porquanto esta se extingue com o pagamento ou com a homologação deste, nos termos do art. 156, I ou VII, do Código Tributário Nacional.[38]

Assim, para os partidários dessa tese,[39] o fato de haver desvio na destinação do produto da arrecadação constitui apenas um ato ilegal do fisco, não afetando a validade em si do tributo, ou seja, caracterizaria mera questão de natureza financeira, limitada à disciplina de controle dos atos do Poder Executivo.

Para outros juristas, como Hugo de Brito Machado Segundo,[40] há nítida ilegalidade na cobrança da contribuição cujo produto da arrecadação foi desviado de sua finalidade, gerando para os contribuintes uma possível restituição, já que

---

[38] SOUZA, Ricardo Conceição. *Regime jurídico das contribuições*. São Paulo: Dialética, 2002. p. 58.
[39] Por exemplo, Paulo Roberto Lyrio Pimenta (*Contribuições de intervenção no domínio econômico*. São Paulo: Dialética, 2002. Edição 8 de Pesqueisas Tributárias); Luciano Amaro (*Direito tributário brasileiro*. 10. ed. São Paulo: Saraiva, 2004) e Márcio Severo Marques (*Classificação constitucional dos tributos*, 2000, op. cit.).
[40] MACHADO SEGUNDO, Hugo de Brito. *Contribuições e federalismo*. São Paulo: Dialética, 2005. p. 186-192.

desnaturada a própria contribuição, que passa, assim, a assumir a feição de imposto.

Parece-nos mais ajustada a exegese defendida pela segunda corrente doutrinária em tela, partilhada também por Marco Aurélio Greco. Isso porque, se a finalidade constitui elemento integrante da regra matriz de incidência e esta traz a vinculação dos recursos arrecadados, o comprovado desvio factual macula a própria contribuição, problema que decerto não pode ser tratado como "alheio ao direito tributário".[41]

Essa é a posição prestigiada, inclusive, pelo *Tribunal de Contas da União* que, pronunciando-se no bojo do Acórdão nº 1.857/2005, ao constatar a utilização de recursos provenientes da Cide-combustíveis em finalidades diversas das preconizadas expressamente no § 4º do art. 177 da CRFB/1988, determinou à Secretaria de Orçamento Federal (SOF) a inclusão da alocação dos recursos da Cide na elaboração dos projetos de leis orçamentárias anuais "enquanto não existir norma legal que estabeleça os recursos da Contribuição de Intervenção no Domínio Econômico – Cide-combustíveis para ações que não apresentem relação direta com os programas finalísticos de transporte e meio ambiente".[42]

Da mesma forma, vale destacar que o *Supremo Tribunal Federal*, no julgamento da ADI nº 2.925,[43] conferiu interpre-

---

[41] GRECO, Marco Aurélio. *Contribuições (uma figura "sui generis")*. São Paulo: Dialética, 2000. p. 241.
[42] BRASIL. Tribunal de Contas da União. Plenário. Acórdão nº 1.857/2005. Processo nº TC-013.023/2004-5. *Diário Oficial da União*, 28 nov. 2005, p. 160, seção 1.
[43] "PROCESSO OBJETIVO – AÇÃO DIRETA DE INCONSTITUCIONALIDADE – LEI ORÇAMENTÁRIA. Mostra-se adequado o controle concentrado de constitucionalidade quando a lei orçamentária revela contornos abstratos e autônomos, em abandono ao campo da eficácia concreta. LEI ORÇAMENTÁRIA – CONTRIBUIÇÃO DE INTERVENÇÃO NO DOMÍNIO ECONÔMICO – IMPORTAÇÃO E COMERCIALIZAÇÃO DE PETRÓLEO E DERIVADOS, GÁS NATURAL E DERIVADOS E ÁLCOOL COMBUSTÍVEL – CIDE – DESTINAÇÃO – ARTIGO 177, § 4º, DA CONSTITUIÇÃO FEDERAL. É inconstitucional interpretação da Lei Orçamentária nº 10.640, de 14 de janeiro de

tação conforme à Constituição da norma orçamentária para também condenar a possibilidade de destinação de recursos da Cide-combustíveis para finalidades diversas das preconizadas no mencionado dispositivo constitucional.

No ano de 2007, o procurador-geral da República propôs uma Ação Direta de Inconstitucionalidade,[44] na qual questionou artigos da Lei nº 10.336/2001 e da Lei nº 10.636/2002, visando a que houvesse alguma interpretação de lei que permitisse um redirecionamento dos recursos arrecadados sob a rubrica de Cide, utilizando-os para o custeio de despesas da administração, o que seria uma afronta à previsão do art. 177 da CRFB/1988.

No que diz respeito às contribuições para a seguridade social, o jurista Luís Eduardo Schoueri[45] alertou para o fato de que deve haver uma correlação entre a finalidade da contribuição e a fonte financeira. Quer dizer, os contribuintes atingidos pela cobrança da contribuição deveriam corresponder às pessoas que sofreriam a intervenção. É a ideia da solidariedade de grupo.

Outro ponto interessante é a contribuição para o Sebrae (instituída pela Lei nº 8.029/1990), que visa a beneficiar e promover o desenvolvimento das micro e pequenas empresas. Por ter sido instituída por lei ordinária e não por lei complementar, como preza o art. 146, III, "d", da CRFB/1988, sua validade foi questionada no Supremo Tribunal Federal, que se posicionou pela

---

2003, que implique abertura de crédito suplementar em rubrica estranha à destinação do que arrecadado a partir do disposto no § 4º do artigo 177 da Constituição Federal, ante a natureza exaustiva das alíneas 'a', 'b' e 'c' do inciso II do citado parágrafo" (BRASIL. Supremo Tribunal Federal. Tribunal Pleno. ADI nº 2.925. Relatora: ministra Ellen Gracie. Relator p/ acórdão: ministro Marco Aurélio. Julgamento em 19 de dezembro de 2003. DJ, 4 mar. 2005).

[44] BRASIL. Supremo Tribunal Federal. ADI nº 3.970. Relatora: ministra Rosa Weber. Ainda pendente de julgamento.

[45] SCHOUERI, Luís Eduardo. Algumas considerações sobre a contribuição de intervenção no domínio econômico no sistema constitucional brasileiro: a contribuição ao Programa Universidade-Empresa. In: GRECO, Marco Aurélio (Coord.). *Contribuições de intervenção no domínio econômico e figuras afins*. São Paulo: Dialética, 2001.

desnecessidade de lei complementar, conforme acórdão prolatado nos autos do Recurso Extraordinário nº 635.682, que teve como relator o ministro Gilmar Mendes (Tribunal Pleno), julgado em 25 de abril de 2013 e publicado em 24 de maio do mesmo ano.

As alegações são de que o enquadramento da contribuição no art. 240 da CRFB/1988 seria inadequado pelo fato de o Sebrae não fazer parte das entidades do sistema sindical. Assim, violaria o art. 146, II, "a", o art. 195, § 4º, e o art. 154, I, da CRFB/1988. Foi reafirmada a orientação da Corte de que a contribuição é constitucional, tem natureza jurídica de contribuição de intervenção no domínio econômico, sendo desnecessária a edição de lei complementar para sua instituição. Na oportunidade, o Supremo afirmou também ser válida a cobrança do tributo independentemente de contraprestação direta em favor do contribuinte, pois seguiu a Corte o entendimento de que toda a sociedade se beneficiaria desse raciocínio, já que haveria uma tentativa de sanar o desequilíbrio na distribuição de riquezas e, assim, a obtenção de uma ordem econômica mais justa. Na ocasião, o relator ministro Gilmar Mendes relembrou que a Corte já havia reconhecido a constitucionalidade dessa exação, quando do julgamento do RE nº 396.266.

Questões de automonitoramento

1) Após ler este capítulo, você é capaz de resumir o caso gerador do capítulo 5, identificando as partes envolvidas, os problemas atinentes e as soluções cabíveis?
2) Quais as modalidades de contribuições especiais previstas na Constituição da República de 1988?
3) O fato de haver desvio de finalidade no produto da arrecadação de uma contribuição dá direito à restituição por meio de ação de repetição de indébito tributário?
4) Pense e descreva, mentalmente, alternativas para a solução do caso gerador do capítulo 5.

3

Contribuição previdenciária: regras gerais, segurados e salário de contribuição

Roteiro de estudo

Apresentação

Este capítulo tem o objetivo de apresentar ao aluno as diretrizes principais para iniciar o aprofundamento no estudo sobre o tema da contribuição previdenciária.

A previdência social se configura em uma proteção social nos momentos de risco na vida do segurado. É administrada pelo Ministério da Previdência Social e as políticas referentes a essa área são executadas pela autarquia federal denominada Instituto Nacional do Seguro Social (INSS). Todos os trabalhadores formais recolhem, diretamente ou por meio de seus empregadores, contribuições previdenciárias para o Fundo de Previdência. No caso dos servidores públicos brasileiros, existem sistemas previdenciários próprios.

No art. 201 da Constituição Federal, há a previsão que institui o Regime Geral da Previdência Social (RGPS) e denota seu caráter contributivo e de filiação obrigatória, bem como os eventos a cuja cobertura e proteção se destinam:

> Art. 201. A previdência social será organizada sob a forma de regime geral, de caráter contributivo e de filiação obrigatória, observados critérios que preservem o equilíbrio financeiro e atuarial, e atenderá, nos termos da lei, a: (Redação dada pela Emenda Constitucional nº 20, de 1998) (Vide Emenda Constitucional nº 20, de 1998)
>
> I - cobertura dos eventos de doença, invalidez, morte e idade avançada; (Redação dada pela Emenda Constitucional nº 20, de 1998)
>
> II - proteção à maternidade, especialmente à gestante; (Redação dada pela Emenda Constitucional nº 20, de 1998)
>
> III - proteção ao trabalhador em situação de desemprego involuntário; (Redação dada pela Emenda Constitucional nº 20, de 1998)
>
> IV - salário-família e auxílio-reclusão para os dependentes dos segurados de baixa renda; (Redação dada pela Emenda Constitucional nº 20, de 1998)
>
> V - pensão por morte do segurado, homem ou mulher, ao cônjuge ou companheiro e dependentes, observado o disposto no § 2º. (Redação dada pela Emenda Constitucional nº 20, de 1998)

Inúmeros entes privados, particularmente instituições financeiras, também oferecem planos de previdência complementar. É o que se entende por previdência privada. No entanto, a previdência complementar é tida, como o próprio nome indica, enquanto um benefício opcional que proporcionará a seu segurado coberturas adicionais, mantendo-se, portanto, a lógica de filiação obrigatória desse segurado ao Regime Geral da Previdência Social.

Os planos de previdência complementar são contratados diretamente pelo beneficiário com instituições financeiras e são fiscalizados pela Superintendência de Seguros Privados (Susep), autarquia vinculada ao Ministério da Fazenda.

No presente estudo serão abordados, a partir da Constituição Federal e de outras leis que versam sobre a matéria, os aspectos relativos às regras gerais da contribuição previdenciária, aos segurados e ao salário de contribuição.

Breve estudo cronológico constitucional da previdência social

A primeira *Constituição brasileira, outorgada no ano de 1824*, não trouxe em seu conteúdo nada sobre o assunto previdência social. Já a *Constituição de 1891* iniciou um esboço sobre o tema, tratando apenas da aposentadoria dos funcionários públicos.

A *Constituição de 1934* foi além e instituiu a fonte tríplice de custeio (trabalhador, empregador e União Federal). Com a *Constituição de 1937* não houve grandes mudanças; ela determinou, tão somente, que as associações de trabalhadores deveriam prestar auxílio nas questões de seguro de acidentes do trabalho e seguros sociais. E, também, fora elaborado o Estatuto dos Funcionários Públicos.

Com o advento da *Constituição de 1946*, a União Federal ganhou a competência para legislar sobre seguro e previdência social. Além disso, a citada Constituição trouxe direitos, tais como: garantia da aposentadoria para servidor que contasse com 35 anos de serviço; proteção na maternidade, doença, velhice, invalidez e morte.

A *Constituição de 1967* manteve a competência da União Federal para legislar sobre previdência social, a fonte tríplice de custeio e todos os direitos já previstos na Constituição de 1946. Sua contribuição foi a instituição do dever de ter correspondente fonte de custeio total para cada benefício previsto.

E, por fim, a *Constituição de 1969* (Emenda Constitucional nº 1, de 17 de outubro de1969) repetiu o que havia sido tratado na constituição de 1967.

Contribuição previdenciária na Constituição de 1988 e natureza jurídica

O Sistema Tributário Nacional é o conjunto de normas constitucionais e infraconstitucionais que encontra utilidade na regulação da tributação de forma harmônica e unitária. A sistemática prevista constitucionalmente é rígida e científica. Rígida porque as competências tributárias já estão previamente delimitadas na Constituição, não permitindo a possibilidade de bitributação na qualidade de invasão de competência fiscal. E científica porque todo o sistema é provido a partir de uma origem teórica que, através da atividade legislativa perene, ganha estrutura organizada.

A enumeração das espécies tributárias e a atribuição das competências tributárias são resultados dessa sistemática. E estão localizadas nos arts. 145, 148, 149 da Constituição da República de 1988 e arts. 4º e 5º do Código Tributário Nacional (CTN). A doutrina é divergente quanto às espécies tributárias existentes no ordenamento jurídico.

A maioria da doutrina e o Supremo Tribunal Federal adotam a *teoria pentapartite*, segundo a qual existem *cinco espécies tributárias: impostos, taxas, empréstimos compulsórios, contribuição de melhoria e as contribuições especiais*. Entendem que a previsão do art. 145 da CRFB/1988 é meramente exemplificativa, cabendo ao intérprete alcançar um tratamento sistemático que conjugue o art. 145 e os arts. 148 e 149. Com isso, percebe-se que esse raciocínio se baseia na não recepção do art. 5º do CTN, que se restringe às três espécies reconhecidas no ordenamento à época de sua edição, quais sejam: impostos, taxas e contribuições de melhoria.

Art. 145. A União, os Estados, o Distrito Federal e os Municípios poderão instituir os seguintes tributos:
I - impostos;
II - taxas, em razão do exercício do poder de polícia ou pela utilização, efetiva ou potencial, de serviços públicos específicos e divisíveis, prestados ao contribuinte ou postos a sua disposição;
III - contribuição de melhoria, decorrente de obras públicas.

Art. 148. A União, mediante lei complementar, poderá instituir empréstimos compulsórios:
I - para atender a despesas extraordinárias, decorrentes de calamidade pública, de guerra externa ou sua iminência;
II - no caso de investimento público de caráter urgente e de relevante interesse nacional, observado o disposto no art. 150, III, "b".
Parágrafo único. A aplicação dos recursos provenientes de empréstimo compulsório será vinculada à despesa que fundamentou sua instituição.

Art. 149. Compete exclusivamente à União instituir contribuições sociais, de intervenção no domínio econômico e de interesse das categorias profissionais ou econômicas, como instrumento de sua atuação nas respectivas áreas, observado o disposto nos arts. 146, III, e 150, I e III, e sem prejuízo do previsto no art. 195, § 6º, relativamente às contribuições a que alude o dispositivo.

O doutrinador Sacha Calmon Navarro Coêlho[46] acredita na teoria tripartite ou tricotômica. Essa teoria diz existirem apenas três espécies tributárias: impostos, taxas e contribuição

---

[46] COÊLHO, Sacha Calmon Navarro. *Comentários à Constituição de 1988*: sistema tributário. 3. ed. Rio de Janeiro: Forense, 1991.

de melhoria. Assim, a enumeração do art. 145 da CRFB/1988 é exaustiva, e a natureza específica do tributo é individualizada em razão do exame do fato gerador, pouco importando o nome dado pelo legislador ao tributo. Portanto, por exemplo, a contribuição social poderia fazer as vezes de imposto ou de taxa, conforme fosse sua hipótese de incidência, considerando que, para o referido doutrinador, o art. 5º do CTN foi recepcionado pela Constituição.

Por sua vez, Ricardo Lobo Torres,[47] entre outros, adota a teoria quadripartite em que quatro seriam as espécies tributárias: impostos, taxas, empréstimos compulsórios e contribuições (de melhoria e sociais).

Partindo do pressuposto de que a teoria largamente adotada seja a pentapartite, tem-se que a contribuição especial, quinta das espécies tributárias de reconhecida existência, poderia ser subdividia em: (1) contribuição de intervenção no domínio econômico; (2) contribuição no interesse das categorias profissionais ou econômicas; (3) contribuição para o custeio de iluminação pública; e (4) contribuições sociais.

Por sua vez, as contribuições sociais permitem, para fins didáticos, as seguintes subdivisões: (1) contribuições sociais destinadas ao financiamento da seguridade social, classificação em que se enquadram: (a) as contribuições previdenciárias; e (b) as outras contribuições destinadas ao financiamento da seguridade social; e (2) as contribuições sociais gerais, que são aquelas destinadas ao financiamento de áreas sociais que não a seguridade social (que conta com contribuições específicas, como já visto).

As *contribuições sociais em sentido amplo*, assim, se dividem em: *contribuições sociais em sentido estrito*, que são as contri-

---

[47] TORRES, Ricardo Lobo. *Curso de direito financeiro e tributário*. 9. ed. atual. até a publicação da Emenda Constitucional nº 33, de 11/12/2001, e da Lei Complementar nº 113, de 19/9/2001. Rio de Janeiro: Renovar, 2002.

buições para a seguridade social, Senai, Senac, Senar e salário educação; *contribuição de intervenção no domínio econômico*; *contribuição de interesse das categorias profissionais* e *contribuição de iluminação pública*.

Dessa forma, tem-se que a contribuição previdenciária é uma das espécies de contribuições sociais destinadas ao financiamento da seguridade social, as quais, por sua vez, são uma das espécies de contribuições sociais (que, por seu turno, são uma das espécies de contribuições especiais).

Dada a natureza jurídica tributária das contribuições especiais, é importante destacar que, como toda contribuição, sua caracterização faz-se, mormente, pela verificação de que o produto de sua arrecadação será destinado obrigatoriamente ao financiamento daquela atividade que fundamentou sua instituição.

Assim, o produto da arrecadação das contribuições previdenciárias deverá obrigatoriamente seguir a destinação específica prevista na CRFB/1988, no art. 195, qual seja, o financiamento da seguridade social.

O sistema da seguridade social

A seguridade social tem sua definição expressa no *caput* do art. 194 da Constituição.

> Art. 194. A seguridade social compreende um conjunto integrado de ações de iniciativa dos Poderes Públicos e da sociedade, destinadas a assegurar os direitos relativos à saúde, à previdência e à assistência social.

Assim, tem-se que a seguridade social abrange os direitos à *saúde*, à *assistência social* e à *previdência*, sendo que as contribuições previdenciárias terão sua destinação apenas à previdência social, devendo a saúde e a assistência social ser custeadas com outros recursos (inclusive das demais contribuições sociais destinadas ao financiamento da seguridade social, como o PIS e a Cofins).

Na forma do art. 201 da Carta Magna, já citado acima, a previdência social será organizada na forma de regime geral, de caráter contributivo e de filiação obrigatória, observados os critérios que preservem o equilíbrio financeiro e atuarial, atendendo a coberturas e proteções especificadas nos cinco incisos desse artigo.

Para atender a esses comandos, o art. 18 da Lei nº 8.213/1991 (Lei de Planos de Benefícios da Previdência Social) instituiu os seguintes benefícios: (1) aposentadoria por invalidez; (2) aposentadoria por idade; (3) aposentadoria por tempo de contribuição; (4) aposentadoria especial; (5) auxílio-doença; (6) salário-família; (7) salário-maternidade; (8) auxílio-acidente; (9) pensão por morte; e (10) auxílio-reclusão.

Todos os benefícios são pagos e administrados pelo INSS, mas a arrecadação, fiscalização, lançamento e regulamentação das contribuições, desde a vigência da Lei nº 11.457/2007, é feita pela Receita Federal do Brasil (RFB).

Princípios da seguridade social

Embora não seja esse o tema principal deste capítulo, para melhor compreensão das contribuições previdenciárias é mister conhecer os princípios que norteiam a seguridade social. São eles, de acordo com a CRFB/1988:

1) a *solidariedade* (art. 3º, I) – trata-se de um objetivo fundamental da República Federativa do Brasil e que serve de fundamento para que não haja paridade ou relação diretamente proporcional ao valor recolhido a título de contribuição previdenciária e o benefício que eventualmente será concedido em contraprestação;

2) a *universalidade da cobertura e do atendimento* (art. 194, parágrafo único, I);
3) a *uniformidade e equivalência dos benefícios e serviços às populações urbanas e rurais* (art. 194, parágrafo único, II);
4) a *seletividade e distributividade na prestação dos benefícios e serviços* (art. 194, parágrafo único, III);
5) a *irredutibilidade do valor dos benefícios* (art. 194, parágrafo único, IV, e art. 201, § 4º);
6) a *equidade na forma de participação no custeio* (art. 194, parágrafo único, V);
7) a *diversidade da base de financiamento* (art. 194, parágrafo único, VI); e, por fim,
8) o *caráter democrático e descentralizado da administração* (art. 194, parágrafo único, VII).

> Art. 194. [...]
> Parágrafo único. Compete ao Poder Público, nos termos da lei, organizar a seguridade social, com base nos seguintes objetivos:
> I - universalidade da cobertura e do atendimento;
> II - uniformidade e equivalência dos benefícios e serviços às populações urbanas e rurais;
> III - seletividade e distributividade na prestação dos benefícios e serviços;
> IV - irredutibilidade do valor dos benefícios;
> V - equidade na forma de participação no custeio;
> VI - diversidade da base de financiamento;
> VII - caráter democrático e descentralizado da administração, mediante gestão quadripartite, com participação dos trabalhadores, dos empregadores, dos aposentados e do Governo nos órgãos colegiados. (Redação dada pela Emenda Constitucional nº 20, de 1998)

Formas de financiamento da seguridade social

O *caput* do art. 195 da CRFB/1988 determina que a seguridade social será financiada por toda a sociedade, de forma direta e indireta, mediante recursos provenientes do Estado (aqui dito em sentido amplo, pois a Carta Magna prevê que serão recursos de todos os entes federativos), das empresas e dos trabalhadores, razão pela qual é reconhecida essa disposição como tríplice forma de custeio da seguridade social.

> Art. 195. A seguridade social será financiada por toda a sociedade, de forma direta e indireta, nos termos da lei, mediante recursos provenientes dos orçamentos da União, dos Estados, do Distrito Federal e dos Municípios, e das seguintes contribuições sociais: [...]

Nessa linha e com vistas ao financiamento da seguridade social, a Carta Constitucional autoriza, nos incisos I a IV do art. 195, a instituição das seguintes contribuições sociais:

> Art. 195. [...]
> I - do *empregador, da empresa e da entidade a ela equiparada* [art. 15, parágrafo único, da Lei nº 8.212/1991], incidentes sobre:
> a) a folha de salários e demais rendimentos do trabalho pagos ou creditados, a qualquer título, à pessoa física que lhe preste serviço, mesmo sem vínculo empregatício;
> b) a receita ou faturamento; e
> c) o lucro;
> II - pelo *trabalhador e demais segurados da previdência social*, não incidindo contribuição sobre aposentadoria e pensão concedidas pelo regime geral de previdência social de que trata o art. 201 da CRFB/1988;
> III - sobre a *receita de concursos de prognósticos*; e

IV - do importador de bens ou serviços do exterior ou de quem a lei a ele equiparar [grifos meus].

Essas contribuições sociais são destinadas ao financiamento de toda a seguridade social (ou seja, destinadas à saúde, à previdência e à assistência social) e traduzem a forma direta de seu custeio, que será financiado, ademais, de forma indireta, por recursos provenientes dos orçamentos da União, estados, Distrito Federal e municípios.

As receitas dos municípios, Distrito Federal e estados destinadas à seguridade social constarão dos respectivos orçamentos. Todavia, importante ressaltar que as receitas da União destinadas à seguridade social não integrarão o orçamento da União Federal, pois, nesse caso, o art. 165, § 5º, III, da CRFB/1988, diz que a lei orçamentária anual compreenderá o orçamento da seguridade social independentemente do orçamento fiscal, dessa forma resguardando a segurança jurídica do sistema.

A proposta do orçamento da seguridade social é elaborada de forma integrada pelos órgãos de cada área específica, sendo assegurada a gestão individualizada dos recursos.

Outras receitas que contribuem para o financiamento da seguridade social são: as multas, atualizações monetárias, os juros moratórios, a remuneração recebida pela prestação de serviços de arrecadação, fiscalização e cobrança prestados a terceiros, receitas provenientes de prestação de outros serviços e de fornecimento ou arrendamento de bens, receitas patrimoniais, industriais e financeiras, doações, legados, subvenções, bem como 50% da receita obtida em razão do art. 243 da CRFB/1988,[48] 40%

---

[48] CRFB/1988: "Art. 243. As glebas de qualquer região do País onde forem localizadas culturas ilegais de plantas psicotrópicas serão imediatamente expropriadas e especificamente destinadas ao assentamento de colonos, para o cultivo de produtos alimentícios e medicamentosos, sem qualquer indenização ao proprietário e sem prejuízo de outras sanções previstas em lei. Parágrafo único. Todo e qualquer bem de valor econômico

do resultado dos leilões dos bens apreendidos pela Secretaria da Receita Federal e 50% do valor total do prêmio recolhido ao Sistema Único de Saúde para custeio da assistência médico-hospitalar dos segurados vitimados em acidente de trânsito.

A lei poderá instituir, na forma do art. 195, § 4º, da CRFB/1988, outras fontes de custeio que garantirão a manutenção ou expansão da seguridade social, desde que respeitado o art. 154, I, da CRFB/1988, que trata da competência residual, ou seja, desde que: (1) seja feita pela União; (2) seja feita por meio de lei complementar; (3) não seja cumulativo; e (4) não tenha base de cálculo ou fato gerador próprios dos já discriminados na Constituição, cabendo frisar que esses requisitos seriam cumulativos.

Registre-se que nenhum benefício ou serviço da seguridade social poderá ser criado, majorado ou estendido sem a correspondente fonte de custeio total, na forma do art. 195, § 5º, da CRFB/1988, em obediência ao primado da preexistência do custeio em relação ao benefício.

Contribuição previdenciária, segurados e salário de contribuição

As contribuições sociais destinadas ao financiamento da seguridade social previstas no art. 195, I, "a", e II, da CRFB/1988, são denominadas *contribuições previdenciárias*, pois são aquelas cujo produto da arrecadação será exclusivamente destinado ao custeio dos benefícios previdenciários, nos termos do art. 167, XI, da CRFB/1988.

---

apreendido em decorrência do tráfico ilícito de entorpecentes e drogas afins será confiscado e reverterá em benefício de instituições e pessoal especializados no tratamento e recuperação de viciados e no aparelhamento e custeio de atividades de fiscalização, controle, prevenção e repressão do crime de tráfico dessas substâncias".

Assim são contribuições previdenciárias as do empregador, da empresa ou das entidades a ela equiparadas incidentes sobre a folha de pagamento (art. 195, I, "a", da CRFB/1988), bem como as contribuições do trabalhador e demais segurados sobre a remuneração recebida (art. 195, II, da CRFB/1988).

> Art. 195. A seguridade social será financiada por toda a sociedade, de forma direta e indireta, nos termos da lei, mediante recursos provenientes dos orçamentos da União, dos Estados, do Distrito Federal e dos Municípios, e das seguintes contribuições sociais:
> I - do empregador, da empresa e da entidade a ela equiparada na forma da lei, incidentes sobre: (Redação dada pela Emenda Constitucional nº 20, de 1998)
> a) a folha de salários e demais rendimentos do trabalho pagos ou creditados, a qualquer título, à pessoa física que lhe preste serviço, mesmo sem vínculo empregatício; (Incluído pela Emenda Constitucional nº 20, de 1998) [...]
> II - do trabalhador e dos demais segurados da previdência social, não incidindo contribuição sobre aposentadoria e pensão concedidas pelo regime geral de previdência social de que trata o art. 201; (Redação dada pela Emenda Constitucional nº 20, de 1998)

Cumpre destacar que anteriormente à Emenda Constitucional nº 20/1998, a redação do inciso I, "a", do art. 195 autorizava a tributação apenas sobre a folha de salários, não havendo a expressão "e demais rendimentos do trabalho pagos ou creditados, a qualquer título, à pessoa física que lhe preste serviço, mesmo sem vínculo empregatício", que foi incluída apenas com a citada emenda, razão pela qual hoje se fala em folha de pagamento, de forma a englobar também tais receitas.

Imunidades tributárias da contribuição previdenciária

A primeira imunidade tributária que pode ser analisada em relação às contribuições sociais destinadas ao financiamento da seguridade social (entre as quais, como visto acima, se encontra inserida a contribuição previdenciária) encontra previsão no art. 149, § 2º, I, da CRFB/1988, o qual dispõe que não incidirão sobre as receitas decorrentes de exportação.

> § 2º. As contribuições sociais e de intervenção no domínio econômico de que trata o *caput* deste artigo: (Incluído pela Emenda Constitucional nº 33, de 2001)
> I - não incidirão sobre as receitas decorrentes de exportação; (Incluído pela Emenda Constitucional nº 33, de 2001)

A segunda imunidade tributária que pode ser destacada é aquela inserida no inciso II do art. 195 da CRFB/1988, em relação à aposentadoria e à pensão concedidas no âmbito do regime geral de previdência social (RGPS).

> Art. 195. A seguridade social será financiada por toda a sociedade, de forma direta e indireta, nos termos da lei, mediante recursos provenientes dos orçamentos da União, dos Estados, do Distrito Federal e dos Municípios, e das seguintes contribuições sociais: [vide Emenda Constitucional nº 20, de 1998].
> [...]
> II - do trabalhador e dos demais segurados da previdência social, não incidindo contribuição sobre aposentadoria e pensão concedidas pelo regime geral de previdência social de que trata o art. 201; (Redação dada pela Emenda Constitucional nº 20, de 1998)

Além dessas, por força do § 7º do art. 195 da CRFB/1988, são imunes[49] à incidência da contribuição social para o financiamento da seguridade social (e, por conseguinte, da contribuição previdenciária) as entidades beneficentes de assistência social que atendam às exigências estabelecidas em lei.

> § 7º. São isentas de contribuição para a seguridade social as entidades beneficentes de assistência social que atendam às exigências estabelecidas em lei.

Segurados

Os *beneficiários* do RGPS se dividem em: (1) *segurados*, que são as pessoas físicas filiadas ao RGPS (arts. 11 e 12 da Lei nº 8.212/1991) e podem se apresentar como segurados *obrigatórios*, tais como: *empregado, empregado doméstico, trabalhador avulso, contribuinte individual* e *segurado especial*; ou segurados *facultativos*; e (2) *dependentes* que são: *cônjuge, companheiro, filho não emancipado*, de qualquer condição, menor de 21 anos ou inválido, *equiparado a filho* (menor tutelado e enteado), *pais* e *irmão* não emancipado, de qualquer condição, menor de 21 anos ou inválido.

Os segurados obrigatórios são todos os maiores de 16 anos (salvo na condição de aprendiz, em que é possível o início das atividades a partir dos 14 anos) que exerçam atividade remunerada e lícita que os vinculem ao sistema previdenciário. Verifica-se, assim, a incidência do princípio da compulsoriedade da previdência social, de sorte que a filiação ao sistema se dá de forma cogente para os segurados obrigatórios.

---

[49] Em que pese o texto constitucional se valer da expressão "são isentas", tem-se que é verdadeira a imunidade tributária, considerando o entendimento de que as isenções têm previsão legal, enquanto que a imunidade tem sede constitucional.

O segurado obrigatório empregado (art. 12, I, da Lei nº 8.212/1991) é aquele que presta serviço de natureza urbana ou rural a empresa ou equiparada a esta, em caráter não eventual, sob sua subordinação e mediante remuneração.

O segurado empregado doméstico (art. 12, II, da Lei nº 8.212/1991) é aquele que presta serviços de forma contínua a pessoa ou a família no âmbito residencial, em atividades que não visam ao lucro.

O segurado trabalhador avulso (art. 12, VI, da Lei nº 8.212/1991) é aquele que, sindicalizado ou não, presta serviço de natureza urbana ou rural a diversas empresas, sem vínculo empregatício, com intermediação obrigatória do sindicato da categoria ou do órgão gestor de mão de obra, quando se tratar de atividade portuária.

Já o segurado contribuinte individual (art. 12, V, da Lei nº 8.212/1991) é a classe de trabalhadores criada pela Lei nº 9.876/1999 e que reúne as antigas espécies de segurados empresários, autônomos e equiparado a autônomos.

Importante inclusão nessa categoria de segurados é a do microempreendedor individual (MEI), criado pela Lei Complementar nº 128/2008. A opção feita para o enquadramento como MEI importa automaticamente a opção pelo recolhimento da contribuição previdenciária na forma simplificada prevista pela legislação e a não sujeição do MEI ao recolhimento da cota patronal da contribuição previdenciária.

O segurado especial (art. 12, VII, da Lei nº 8.212/1991) é aquele descrito no § 8º do art. 195 da CRFB/1988, com a redação que lhe foi dada pela Emenda Constitucional nº 20/1998, como sendo pessoa física, residente no imóvel rural ou em aglomerado urbano ou rural próximo, que trabalha no imóvel seja individualmente ou em regime de economia familiar, ainda que com o auxílio eventual de terceiros.

§ 8º. O produtor, o parceiro, o meeiro e o arrendatário rurais e o pescador artesanal, bem como os respectivos cônjuges, que exerçam suas atividades em regime de economia familiar, sem empregados permanentes, contribuirão para a seguridade social mediante a aplicação de uma alíquota sobre o resultado da comercialização da produção e farão jus aos benefícios nos termos da lei. (Redação dada pela Emenda Constitucional nº 20, de 1998)

E, finalmente, o segurado facultativo é aquele que não exerce atividade de vinculação obrigatória a qualquer regime previdenciário obrigatório (RGPS ou RPPS). É necessário que seja maior de 16 anos, sendo que sua filiação gera efeitos apenas a partir de sua inscrição e do recolhimento da primeira contribuição.

A previsão da categoria de segurado facultativo visa a atender ao princípio da universalidade na cobertura e no atendimento, já que esses segurados não possuem filiação obrigatória como acontece com os segurados obrigatórios, em que a filiação decorre exclusivamente do exercício de atividade remunerada lícita. Assim, tem-se que para os segurados obrigatórios a filiação não depende da inscrição, a qual será o ato formal de cadastro do segurado no sistema previdenciário.

Neste contexto, é importante diferenciar a filiação da inscrição, pois, no caso do segurado obrigatório não inscrito, uma vez comprovado o exercício da atividade, lhe será autorizado recolher as contribuições não pagas de todo o período, desde a data da filiação. Já para o segurado facultativo, a inscrição e o primeiro recolhimento são pressupostos da filiação, razão pela qual só será admitido efetuar recolhimentos posteriores à inscrição.

Salário de contribuição

O *salário de contribuição* é a base de cálculo da contribuição dos segurados e se encontra elencado no art. 28, I a

IV, da Lei nº 8.212/1991. Contudo, a denominação *salário de contribuição* não é adequada, pois certas pessoas efetivamente não têm um salário, como de certa forma o avulso e o autônomo, mas têm salário de contribuição. Na verdade, esse salário de contribuição é a base de cálculo sobre a qual irão incidir as alíquotas da contribuição previdenciária. Dessa forma, o conceito salário de contribuição depende do segurado que irá contribuir para o sistema, podendo, portanto, ser distinto em relação a cada um deles.

O salário de contribuição, em princípio, será equivalente à remuneração do segurado, esta considerada o somatório do salário, gorjetas e conquistas sociais, tais quais: 13º salário, descanso semanal remunerado, férias etc., sendo que, de acordo com o Decreto nº 6.727/2009, o aviso prévio indenizado integra o salário de contribuição.

No entanto, como será visto a seguir, o salário de contribuição possui limites, de forma que nem sempre coincidirá com a remuneração efetivamente percebida. Por essa razão, a remuneração deve ser utilizada como o ponto de partida para chegar ao salário de contribuição, mas sem que se estabeleça uma identidade absoluta entre os dois conceitos.

O salário de contribuição inclui também as parcelas não pagas, mas devidas ao segurado. Trata-se de crédito jurídico, ou seja, a partir do momento em que exista remuneração devida, a contribuição deve ser paga, independentemente de seu efetivo pagamento ao segurado.

A Lei nº 8.212/1991, no art. 28, traz a definição do salário de contribuição para cada espécie de segurado, além das diversas parcelas que integram e de outras que não integram o salário de contribuição. Basicamente, ao expor as parcelas integrantes e não integrantes, o legislador busca, respectivamente, separar as parcelas remuneratórias das indenizatórias e/ou ressarcimentos.

Art. 28. Entende-se por salário de contribuição:
I - para o empregado e trabalhador avulso: a remuneração auferida em uma ou mais empresas, assim entendida a totalidade dos rendimentos pagos, devidos ou creditados a qualquer título, durante o mês, destinados a retribuir o trabalho, qualquer que seja a sua forma, inclusive as gorjetas, os ganhos habituais sob a forma de utilidades e os adiantamentos decorrentes de reajuste salarial, quer pelos serviços efetivamente prestados, quer pelo tempo à disposição do empregador ou tomador de serviços nos termos da lei ou do contrato ou, ainda, de convenção ou acordo coletivo de trabalho ou sentença normativa; (Redação dada pela Lei nº 9.528, de 10.12.97)
II - para o empregado doméstico: a remuneração registrada na Carteira de Trabalho e Previdência Social, observadas as normas a serem estabelecidas em regulamento para comprovação do vínculo empregatício e do valor da remuneração;
III - para o contribuinte individual: a remuneração auferida em uma ou mais empresas ou pelo exercício de sua atividade por conta própria, durante o mês, observado o limite máximo a que se refere o § 5º; (Redação dada pela Lei nº 9.876, de 1999)
IV - para o segurado facultativo: o valor por ele declarado, observado o limite máximo a que se refere o § 5º. (Incluído pela Lei nº 9.876, de 1999)

Cabe destacar que o salário de contribuição do segurado contribuinte individual sofreu alterações, tendo em vista que a redação atual do inciso III do art. 28 da Lei nº 8.212/1991 foi dada pela Lei nº 9.879/1999. Assim, conforme consulta ao sítio da RFB na internet,[50] o salário de contribuição será:

---

[50] Disponível em: <www.receita.fazenda.gov.br/previdencia/formascontrib.htm>. Acesso em: 28 mar. 2014.

III - para o segurado contribuinte individual:
a) filiado até 28 de novembro de 1999, que tenha perdido a qualidade de segurado após esta data, considerando os fatos geradores ocorridos a partir da nova filiação, a remuneração auferida em uma ou mais empresas ou pelo exercício de atividade por conta própria, durante o mês, observados os limites mínimo e máximo do salário de contribuição;
b) filiado até 28 de novembro de 1999, considerando os fatos geradores ocorridos até 31 de março de 2003, o salário-base, observada a escala transitória de salários-base;
c) filiado a partir de 29 de novembro de 1999, a remuneração auferida em uma ou mais empresas ou pelo exercício de atividade por conta própria, durante o mês, observado os limites mínimo e máximo do salário de contribuição;
d) independentemente da data de filiação, considerando os fatos geradores ocorridos desde 1º de abril de 2003, a remuneração auferida em uma ou mais empresas ou pelo exercício de sua atividade por conta própria, durante o mês, observados os limites mínimo e máximo do salário de contribuição;

Assim, tem-se que a única categoria que não se utiliza do conceito de salário de contribuição como base de cálculo para o recolhimento da contribuição previdenciária é a do segurado especial, o qual contribui de maneira diferenciada ao RGPS, na forma do já citado § 8º do art. 195 da CRFB/1988.

Por fim, o segurado facultativo, por não receber remuneração, não se enquadra também nessa ideia do salário de contribuição, razão pela qual seu recolhimento é feito com base na quantia por ele próprio estipulada,[51] a título de salário de contribuição, sobre a qual incidirá a alíquota prevista legalmente.

---

[51] O valor declarado pelo segurado facultativo para fins de fixação de seu salário de contribuição deve estar compreendido entre os limites mínimo e máximo fixados pela legislação, conforme será visto no item "Limites do salário de contribuição", a seguir.

Limites do salário de contribuição

O salário de contribuição, diferentemente da remuneração, possui limites mínimo e máximo, na forma dos §§ 3º e 5º do art. 28 da Lei nº 8.212/1991.

> § 3º. O limite mínimo do salário de contribuição corresponde ao piso salarial, legal ou normativo, da categoria ou, inexistindo este, ao salário mínimo, tomado no seu valor mensal, diário ou horário, conforme o ajustado e o tempo de trabalho efetivo durante o mês. (Redação dada pela Lei nº 9.528, de 10.12.97)
> [...]
> § 5º. O limite máximo do salário de contribuição é de Cr$ 170.000,00 (cento e setenta mil cruzeiros), reajustado a partir da data da entrada em vigor desta Lei, na mesma época e com os mesmos índices que os do reajustamento dos benefícios de prestação continuada da Previdência Social.

O *limite máximo*, independentemente da categoria do segurado, será aquele fixado pelo Ministério da Previdência Social, reajustando aquele expresso no § 5º do art. 28 da Lei nº 8.212/1991, o qual, segundo a tabela vigente a partir de 1º de janeiro de 2014, é de *R$ 4.390,24*. Assim, qualquer segurado que receba mais do que o teto só pagará a alíquota respectiva incidente sobre R$ 4.390,24, valor referente ao salário de contribuição, ficando o restante fora da base de cálculo.

É importante destacar que a existência de limitações ocorre apenas em relação à contribuição previdenciária devida pelo segurado, razão pela qual a contribuição da empresa, no entanto, não possui limite máximo, devendo ser recolhida aplicando a alíquota sobre a totalidade dos rendimentos pagos, devidos ou creditados.

O salário de contribuição também possui um limite mínimo, este sim variável conforme seja a categoria do segurado. Dessa forma, tem-se que para os segurados empregado e trabalhador avulso, o limite mínimo será correspondente ao piso salarial legal ou normativo da categoria, ou ao piso estadual, ou, inexistindo estes, ao salário mínimo. Para o segurado empregado doméstico, o limite mínimo será o piso estadual, ou, inexistindo este, o salário mínimo. Já para os segurados contribuinte individual e facultativo, o limite mínimo será o salário mínimo.

Cabe destacar que, conforme a Lei nº 10.170/2000, em seu art. 13:

> Não se considera remuneração direta ou indireta os [...] valores despendidos pelas entidades religiosas e instituições de ensino vocacional com ministro de confissão religiosa, membros de instituto de vida consagrada, de congregação ou de ordem religiosa em face do seu mister religioso ou para sua subsistência, desde que fornecidos em condições que independam da natureza e da quantidade do trabalho executado.

Os órgãos da administração pública direta, indireta e fundações públicas da União, bem como as demais entidades integrantes do Sistema Integrado de Administração Financeira do Governo Federal, ao contratarem pessoa física para prestação de serviços eventuais sem vínculo empregatício, inclusive como integrante de grupo-tarefa, deverão estabelecer, mediante cláusula contratual, que o pagamento da remuneração pelos trabalhos executados e a continuidade do contrato ficam condicionados à comprovação, pelo segurado, do recolhimento da contribuição previdenciária como contribuinte individual relativamente à competência imediatamente anterior àquela a que se refere à remuneração auferida.

Parcelas que integram ou não o salário de contribuição

Esse ponto é de suma importância para a análise prática da incidência da contribuição previdenciária, evitando assim recolhimentos equivocados, que gerem prejuízos tanto aos segurados quanto às empresas e ao fisco.

Um tema ainda controvertido é a incidência ou não da contribuição previdenciária sobre o *salário-maternidade*. Tradicionalmente, tanto a Primeira Seção quanto as Primeira e Segunda Turmas do Superior Tribunal de Justiça (STJ) entendiam que era devida a incidência da contribuição previdenciária sobre o salário-maternidade, considerando a natureza salarial dessa verba.

Posteriormente, quando do julgamento do REsp nº 1.322.945, de relatoria do ministro Napoleão Nunes, julgado em 27 de fevereiro de 2013, a Primeira Seção acabou entendendo pela não incidência da contribuição previdenciária sobre o salário-maternidade, considerando a ausência da efetiva prestação de serviços pela empregada durante esse período, razão pela qual reconheceu à verba a natureza de benefício previdenciário e não salarial.

Apesar de a questão ainda não estar definida de forma pacífica e uníssona (uma vez que ainda está pendente de julgamento o RE nº 576.967 pelo STF, o qual conta com repercussão geral já reconhecida), cabe destacar que, recentemente, foi julgado pelo STJ o REsp nº 1.230.957/RS, sob o rito dos recursos repetitivos previsto no art. 543-C, do Código de Processo Civil (CPC).

O acórdão desse julgamento foi publicado no *DJe* de 18 de março de 2014, expondo o entendimento do STJ no sentido de que incidiria a contribuição previdenciária sobre o salário-maternidade, visto que essa verba possui natureza salarial e o fato de seu encargo ser transferido à previdência social[52] não tem o condão de alterar sua natureza.

Nesse contexto, o STJ entendeu que é justamente em razão da natureza salarial do salário-maternidade que o § 2º do art. 28 da Lei nº 8.212/1991 o considera como o salário de contribuição, destacando, na oportunidade, que a incidência da contribuição previdenciária sobre o salário-maternidade encontrava sólido amparo na jurisprudência da Corte, voltando esta, assim, a se posicionar no mesmo sentido tradicionalmente fixado nos seguintes precedentes: REsp nº 572.626/BA; REsp nº 641.227/SC; REsp nº 803.708/CE; REsp nº 886.954/RS; AgRg no REsp nº 901.398/SC; REsp nº 891.602/PR; AgRg no REsp nº 1.115.172/RS; AgRg no Ag nº 1.424.039/DF; AgRg nos EDcl no REsp nº 1.040.653/SC; AgRg no REsp nº 1.107.898/PR.

Vale destacar, ademais, que no julgamento do REsp nº 1.230.957/RS, o STJ entendeu que também incide a contribuição previdenciária sobre o *salário-paternidade* de forma inconteste, pois possui natureza salarial, uma vez que é um ônus da empresa arcar com o pagamento do salário a seu empregado durante os cinco dias de afastamento a que faz jus quando do nascimento de seu filho, na forma do art. 7º, XIX, da CRFB/1988 c/c art. 10, § 1º, do ADCT c/c art. 473, III, da Consolidação das Leis do Trabalho (CLT).

Outro tema controvertido é a incidência da contribuição previdenciária sobre as *férias gozadas*. Da mesma forma que exposto acima em relação ao salário maternidade, o STJ fixou tradicionalmente o entendimento no sentido de que incide a contribuição previdenciária sobre as férias gozadas, uma vez que possuem natureza salarial.[53]

---

[52] Por força da Lei nº 6.136/1974, o empregador efetua o pagamento da remuneração devida à empregada, mas desconta integralmente este valor do saldo que tiver de recolher a título de cota patronal da contribuição previdenciária.
[53] Vide, nesse sentido, o REsp nº 1.232.238/PR, julgado em 1º de março de 2011, que teve como relator o ministro Herman Benjamin.

Dessa forma, o entendimento tradicional do STJ era no sentido de que: (1) incidiria a contribuição previdenciária sobre as férias e o respectivo adicional, caso fossem gozadas pelo empregado; e (2) não incidiria a contribuição previdenciária sobre as férias e o respectivo adicional, caso não fossem gozadas pelo empregado, hipótese em que haveria sua conversão em uma indenização a favor do empregado.

Todavia, quando do julgamento do REsp nº 1.322.945/DF, de relatoria do ministro Napoleão Nunes Maia Filho, Primeira Seção, julgado em 27 de fevereiro de 2013 e publicado no DJe de 8 de março de 2013, a Primeira Seção do STJ entendeu que, não tendo havido efetiva prestação de serviço pelo trabalhador, não haveria como entender que a verba possui caráter remuneratório, afastando-se assim a possibilidade de incidência da contribuição.

Além disso, nessa ocasião, o STJ entendeu que, por ser o terço constitucional uma verba acessória às férias, deveria seguir o principal. Logo, sendo pacífico que o adicional possui natureza indenizatória, deveriam às férias, pela máxima de que o acessório segue o principal, ser reconhecida a natureza também indenizatória.

Porém, no julgamento do REsp nº 1.230.957/RS, o STJ não adentrou à análise específica da natureza jurídica (se remuneratória ou indenizatória) das férias gozadas, tendo exposto, contudo, que não integraria o salário de contribuição o adicional constitucional sobre as férias gozadas, visto que possuiria natureza indenizatória.

Dessa forma, incidirá a contribuição previdenciária apenas sobre a remuneração em si das férias gozadas. Nesse sentido, vide AgRg no AREsp nº 264.207/PE, que teve como relator o ministro Arnaldo Esteves Lima, Primeira Turma, julgado em 6 de maio de 2014, publicado no DJe de 13 de maio do mesmo ano.

As *férias indenizadas, o adicional sobre as férias indenizadas (terço constitucional) e a dobra da remuneração das férias não concedidas ao empregado* no prazo legal previsto no art. 137 da CLT não integram o salário de contribuição, não estando sujeitas, portanto, à incidência da contribuição previdenciária, na forma da alínea "d" do § 9º do art. 28 da Lei nº 8.212/1991.

Sobre os valores pagos pelo empregador ao empregado durante *os primeiros 15 dias de afastamento por motivo de doença (absenteísmo)*,[54] entendeu o STJ, no julgamento do REsp nº 1.230.957/RS, que não incide contribuição previdenciária, visto que não traduz verba de natureza remuneratória, em razão da inexistência de prestação de serviço nesse período pelo empregado. Nesse sentido, também o precedente do AgRg no AREsp nº 88.704/BA de relatoria do ministro Herman Benjamin, Segunda Turma, julgado em 19 de abril de 2012, publicado no *DJe* de 22 de maio do mesmo ano.

No *aviso prévio indenizado*, as verbas têm natureza indenizatória e não salarial, razão pela qual também não incide a contribuição previdenciária, conforme reconhecido recentemente no julgamento do REsp nº 1.230.957/RS, quando o STJ expôs que "não há como se conferir à referida verba o caráter remuneratório pretendido pela Fazenda Nacional, por não retribuir o trabalho, mas sim reparar um dano".[55]

No mesmo sentido, também os precedentes: AgRg no REsp nº 1.283.418/PB, que teve como relator o ministro Ari Pargendler, Primeira Turma, julgado em 12 de março de 2013 e publicado no *DJe* de 20 de março de 2013, e AgRg no REsp nº 1.220.119/RS, relatado pelo ministro Cesar Asfor Rocha, Segunda Turma, julgado em 22 de novembro de 2011 e publicado no *DJe* de 29 de novembro do mesmo ano; REsp nº 1.198.964/PR, que teve

---

[54] Nesse contexto, absenteísmo é o período dos primeiros 15 dias de afastamento por motivo de doença, durante o qual, por força do art. 60, § 3º, da Lei nº 8.213/1991, o empregador está obrigado a pagar o salário integral do empregado.
[55] Trecho da ementa do acórdão do REsp nº 1.230.957/RS.

como relator o ministro Mauro Campbell, publicado no *DJe* de 4 de outubro de 2010, assim como o REsp nº 1.213.133/SC, de relatoria do ministro Castro Meira, publicado no *DJe* de 1º de dezembro de 2010.

E, por fim, o *auxílio-educação*, conforme jurisprudência pacífica do STJ, não é considerado salário *in natura*, porquanto "embora contenha valor econômico, constitui investimento na qualificação de empregados, [...] não retribui o trabalho efetivo, não integrando, desse modo, a remuneração do empregado. É verba utilizada para o trabalho, e não pelo trabalho".[56] Nesse sentido, AgRg no AREsp nº 182.495/RJ de relatoria do ministro Herman Benjamin, Segunda Turma, julgado em 26 de fevereiro de 2013 e publicado no *DJe* de 7 de março de mesmo ano.

Para facilitar a visualização do exposto neste tópico, tem-se a seguir um quadro explicativo com o panorama atual da incidência, conforme julgamento recente do REsp nº 1.230.957/RS pelo STJ, e a divulgação feita no Informativo nº 536 do STJ, disponibilizado em 27 de março de 2014.

Quadro 3
PANORAMA ATUAL DE INCIDÊNCIA DA CONTRIBUIÇÃO PREVIDENCIÁRIA

Verba	Contribuição previdenciária
Férias gozadas	Incide
Adicional sobre as férias gozadas	Não incide
Férias indenizadas	Não incide
Adicional sobre as férias indenizadas	Não incide
Remuneração dobrada de férias	Não incide
Abono de 20 dias pago no gozo das férias	Não incide

Continua

---

[56] Trecho da ementa do acórdão do AgRg no AREsp nº 182.495/RJ.

Verba	Contribuição previdenciária
13º salário	Incide
13º salário proporcional pago na rescisão	Incide
13º salário indenizado pago junto com o aviso prévio indenizado	Não incide
Aviso prévio gozado	Incide
Aviso prévio indenizado	Não incide
Salário-maternidade	Incide
Salário-paternidade	Incide
Comissões	Incide
Gratificações	Incide se forem habituais. Se forem eventuais, não incide
Adicionais (periculosidade, insalubridade, trabalho noturno e tempo de serviço)	Incide
Alimentação do empregado	Não incide se seguir as regras do PAT. Se paga em dinheiro, incide, pois integra o salário de contribuição
Transporte do empregado	Não incide se descontar 6% do empregado. Se paga em dinheiro ou se não tiver o desconto, incide, pois integra o salário de contribuição
Plano de saúde médico e odontológico	Não incide se for válido para todos os empregados e diretores
Reembolso creche	Não incide
Reembolso babá	Não incide, desde que seja até um salário mínimo e haja anotação na CTPS da babá
Seguro de vida	Não incide se for válido para todos os empregados e diretores e tiver previsão em acordo ou convenção coletiva de trabalho
Plano de previdência complementar	Não incide se for válido para todos os empregados e diretores
Participação nos lucros e resultados	Não incide se for paga na forma da Lei nº 10.101/2000
Programa de demissão voluntária	Não incide

DIREITO PREVIDENCIÁRIO. TERMO INICIAL DE APOSENTADORIA POR INVALIDEZ REQUERIDA EXCLUSIVAMENTE NA VIA JUDICIAL. RECURSO REPETITIVO (ART. 543-C DO CPC E RES. 8/2008-STJ).

A citação válida deve ser considerada como termo inicial para a implantação da aposentadoria por invalidez concedida na via judicial quando ausente prévia postulação administrativa. Isso porque, na hipótese em apreço – na qual a aposentadoria por invalidez é solicitada exclusivamente na via judicial, sem que exista prévia postulação administrativa –, é a citação válida que, além de informar o litígio, constitui o réu em mora quanto à cobertura do evento causador da incapacidade, tendo em vista a aplicação do *caput* do art. 219 do CPC. Ademais, não há como adotar, como termo inicial do benefício, a data da ciência do laudo do perito judicial que constata a incapacidade, haja vista esse documento constituir simples prova produzida em juízo que apenas declara situação fática preexistente. Além disso, observa-se que, até mesmo em hipótese distinta, na qual o benefício tenha sido solicitado na via administrativa, o reconhecimento da incapacidade pelo laudo da perícia médica inicial feita pela Previdência Social deve ter efeito retroativo, conforme disposto no art. 43, § 1º, "a" e "b", da Lei 8.213/1991. Tese firmada para fins do art. 543-C do CPC: "A citação válida informa o litígio, constitui em mora a autarquia previdenciária federal e deve ser considerada como termo inicial para a implantação da aposentadoria por invalidez concedida na via judicial quando ausente a prévia postulação administrativa". Precedente citado: AgRg no AREsp 298.910-PB, Segunda Turma, DJe 2/5/2013.[57]

DIREITO TRIBUTÁRIO E PREVIDENCIÁRIO. INCIDÊNCIA DE CONTRIBUIÇÃO PREVIDENCIÁRIA SOBRE O SALÁRIO-

---

[57] BRASIL. Superior Tribunal de Justiça. REsp nº 1.369.165/SP. Relator: ministro Benedito Gonçalves. Julgamento em 26 de fevereiro de 2014. *DJe*, 7 mar. 2014.

MATERNIDADE. RECURSO REPETITIVO (ART. 543-C DO CPC E RES. 8/2008-STJ).

Incide contribuição previdenciária a cargo da empresa sobre os valores pagos a título de salário-maternidade. De fato, o art. 201, § 11, da CF estabelece que "os ganhos habituais do empregado, a qualquer título, serão incorporados ao salário para efeito de contribuição previdenciária e consequente repercussão em benefícios, nos casos e na forma da lei". Ademais, no âmbito infraconstitucional, o art. 22, I, da Lei 8.212/1991 (Redação dada pela Lei 9.876/1999) prescreve que: a contribuição a cargo da empresa, destinada à Seguridade Social incide "sobre o total das remunerações pagas, devidas ou creditadas a qualquer título [...] destinadas a retribuir o trabalho, qualquer que seja a sua forma, inclusive as gorjetas, os ganhos habituais sob a forma de utilidades e os adiantamentos decorrentes de reajuste salarial, quer pelos serviços efetivamente prestados, quer pelo tempo à disposição do empregador ou tomador de serviços [...]" Posto isso, deve-se observar que o salário-maternidade, para efeitos tributários, tem natureza salarial, e a transferência do encargo à Previdência Social (pela Lei 6.136/1974) não tem o condão de mudar sua natureza. Nos termos do art. 3º da Lei 8.212/1991, "a Previdência Social tem por fim assegurar aos seus beneficiários meios indispensáveis de manutenção, por motivo de incapacidade, idade avançada, tempo de serviço, desemprego involuntário, encargos de família e reclusão ou morte daqueles de quem dependiam economicamente". O fato de não haver prestação de trabalho durante o período de afastamento da segurada empregada, associado à circunstância de a maternidade ser amparada por um benefício previdenciário, não autoriza conclusão no sentido de que o valor recebido tenha natureza indenizatória ou compensatória, ou seja, em razão de uma contingência (maternidade), paga-se à segurada empregada benefício previdenciário correspondente ao seu salário, possuindo a verba evidente natureza salarial. Não é por outra razão que, atualmente, o art. 28, § 2º, da Lei 8.212/1991 dispõe expressamente que o salário maternidade é considerado salário de contribuição. Ademais, sem embargo das posições em sentido contrário, não há indício de incompatibilidade entre a incidência da contribuição previdenciária sobre o salário maternidade e a CF, a qual, em seu art. 5º, I, assegura a igualdade entre homens e mulheres em direitos e obrigações. Por seu turno, o art. 7º, XX, da CF assegura a proteção do mercado de trabalho da mulher, mediante incentivos específicos, nos termos da lei, e, no que se refere ao salário-maternidade, por opção do legislador infraconstitucional, a transferência do ônus referente ao pagamento dos salários, durante o período de afastamento, constitui incentivo suficiente para assegurar a proteção ao mercado de trabalho da mulher. Assim, não é dado ao Poder Judiciário, a título de interpretação, atuar como legislador positivo, a fim de estabelecer política protetiva mais ampla e, desse modo, desincumbir o empregador do ônus referente à contribuição previdenciária incidente sobre o salário-maternidade, quando não foi esta a política legislativa. Precedentes citados: AgRg nos EDcl no REsp 1.040.653-SC, Primeira Turma, DJe 15/9/2011; e AgRg no Ag 1.424.039-DF, Segunda Turma, DJe 21/10/2011.[58]

DIREITO TRIBUTÁRIO E PREVIDENCIÁRIO. INCIDÊNCIA DE CONTRIBUIÇÃO PREVIDENCIÁRIA SOBRE O SALÁRIO PATERNIDADE. RECURSO REPETITIVO (ART. 543-C DO CPC E RES. 8/2008-STJ).

Incide contribuição previdenciária a cargo da empresa sobre os valores pagos a título de salário paternidade. Esse salário refere-se ao valor recebido pelo empregado durante os cinco dias de

---

[58] BRASIL. Superior Tribunal de Justiça. REsp nº 1.230.957/RS. Relator: ministro Mauro Campbell Marques. Julgamento em 26 de fevereiro de 2014. *DJe*, 18 mar. 2014, grifo no original.

afastamento em razão do nascimento de filho (arts. 7º, XIX, da CF; 473, III, da CLT; e 10, § 1º, do ADCT). Ao contrário do que ocorre com o salário-maternidade, o salário paternidade constitui ônus da empresa, ou seja, não se trata de benefício previdenciário. Desse modo, em se tratando de verba de natureza salarial, é legítima a incidência de contribuição previdenciária. Ademais, ressalte-se que o salário paternidade deve ser tributado, por se tratar de licença remunerada prevista constitucionalmente, não se incluindo no rol dos benefícios previdenciários. Precedente citado: AgRg nos EDcl no REsp 1.098.218-SP, Segunda Turma, DJe 9/11/2009.[59]

DIREITO TRIBUTÁRIO E PREVIDENCIÁRIO. NÃO INCIDÊNCIA DE CONTRIBUIÇÃO PREVIDENCIÁRIA SOBRE O TERÇO CONSTITUCIONAL DE FÉRIAS GOZADAS. RECURSO REPETITIVO (ART. 543-C DO CPC E RES. 8/2008-STJ).
Não incide contribuição previdenciária a cargo da empresa sobre o valor pago a título de terço constitucional de férias gozadas. Nos termos do art. 7º, XVII, da CF, os trabalhadores urbanos e rurais têm direito ao gozo de férias anuais remuneradas com, pelo menos, um terço a mais do que o salário normal. Com base nesse dispositivo, o STF firmou orientação no sentido de que o terço constitucional de férias tem por finalidade ampliar a capacidade financeira do trabalhador durante seu período de férias, possuindo, portanto, natureza "compensatória/indenizatória". Além disso, levando em consideração o disposto no art. 201, § 11 (incluído pela EC 20/1998), da CF ("os ganhos habituais do empregado, a qualquer título, serão incorporados ao salário para efeito de contribuição previdenciária e consequente repercussão em benefícios, nos casos e na forma da lei"), o STF pacificou que somente as parcelas incorporáveis ao salário do servidor sofrem

---

[59] Ibid., grifo no original.

a incidência da contribuição previdenciária. Cumpre observar que esse entendimento refere-se a casos em que os servidores são sujeitos a regime próprio de previdência, o que não justifica a adoção de conclusão diversa em relação aos trabalhadores sujeitos ao Regime Geral da Previdência Social – RGPS. Isso porque a orientação do STF se ampara, sobretudo, nos arts. 7º, XVII, e 201, § 11, da CF, sendo que este último preceito constitucional estabelece regra específica do RGPS. Cabe ressaltar que a adoção desse entendimento não implica afastamento das regras contidas nos arts. 22 e 28 da Lei 8.212/1991, tendo em vista que a importância paga a título de terço constitucional de férias não se destina a retribuir serviços prestados nem configura tempo à disposição do empregador. Desse modo, é imperioso concluir que a importância paga a título de terço constitucional de férias possui natureza indenizatória/compensatória, e não constitui ganho habitual do empregado, razão pela qual sobre ela não é possível a incidência de contribuição previdenciária. Precedentes citados do STJ: AgRg nos EREsp 957.719-SC, Primeira Seção, DJe de 16/11/2010; e EDcl no AgRg no AREsp 16.759-RS, DJe 19/12/2011. Precedentes citados do STF: AgR no AI 710.361-MG, Primeira Turma, DJe 8/5/2009; e AgR no RE 587.941-SC, Segunda Turma, DJe 21/11/2008.[60]

DIREITO TRIBUTÁRIO E PREVIDENCIÁRIO. NÃO INCIDÊNCIA DE CONTRIBUIÇÃO PREVIDENCIÁRIA SOBRE O TERÇO CONSTITUCIONAL DE FÉRIAS INDENIZADAS. RECURSO REPETITIVO (ART. 543-C DO CPC E RES. 8/2008-STJ).
Não incide contribuição previdenciária a cargo da empresa sobre o valor pago a título de terço constitucional de férias indenizadas. O art. 28, § 9º, "d", da Lei 8.212/1991 (com redação dada

---

[60] Ibid., grifo no original.

pela Lei 9.528/1997) estabelece que não integram o salário de contribuição "as importâncias recebidas a título de férias indenizadas e respectivo adicional constitucional, inclusive o valor correspondente à dobra da remuneração de férias de que trata o art. 137 da Consolidação das Leis do Trabalho-CLT".

Destarte, no que se refere ao adicional de férias relativo às férias indenizadas, a não incidência de contribuição previdenciária decorre de previsão legal.[61]

DIREITO TRIBUTÁRIO E PREVIDENCIÁRIO. INCIDÊNCIA DE CONTRIBUIÇÃO PREVIDENCIÁRIA SOBRE O AVISO PRÉVIO INDENIZADO. RECURSO REPETITIVO (ART. 543-C DO CPC E RES. 8/2008-STJ).

Não incide contribuição previdenciária a cargo da empresa sobre o valor pago a título de aviso prévio indenizado. A despeito da atual moldura legislativa (Lei 9.528/1997 e Decreto 6.727/2009), as importâncias pagas a título de indenização, que não correspondam a serviços prestados nem a tempo à disposição do empregador, não ensejam a incidência de contribuição previdenciária. A CLT estabelece que, em se tratando de contrato de trabalho por prazo indeterminado, a parte que, sem justo motivo, quiser a sua rescisão, deverá comunicar a outra da sua intenção com a devida antecedência. Não concedido o aviso prévio pelo empregador, nasce para o empregado o direito aos salários correspondentes ao prazo do aviso, garantida sempre a integração desse período no seu tempo de serviço (art. 487, § 1º, da CLT). Desse modo, o pagamento decorrente da falta de aviso prévio, isto é, o aviso prévio indenizado, visa reparar o dano causado ao trabalhador que não fora alertado sobre a futura rescisão contratual com a antecedência mínima estipulada na CF (atualmente regulamentada pela Lei 12.506/2011).

---

[61] Ibid., grifo no original.

Dessarte, não há como se conferir à referida verba o caráter remuneratório, por não retribuir o trabalho, mas sim reparar um dano. Ressalte-se que, se o aviso prévio é indenizado, no período que lhe for correspondente o empregado não presta trabalho algum, nem fica à disposição do empregador. Assim, por não coincidir com a hipótese de incidência, é irrelevante a circunstância de não haver previsão legal de isenção em relação a tal verba. Precedentes citados: AgRg no REsp 1.218.883-SC, Primeira Turma, DJe de 22/2/2011; e AgRg no REsp 1.220.119-RS, Segunda Turma, DJe de 29/11/2011.[62]

DIREITO TRIBUTÁRIO E PREVIDENCIÁRIO. NÃO INCIDÊNCIA DE CONTRIBUIÇÃO PREVIDENCIÁRIA SOBRE A IMPORTÂNCIA PAGA NOS QUINZE DIAS QUE ANTECEDEM O AUXÍLIO-DOENÇA. RECURSO REPETITIVO (ART. 543-C DO CPC E RES. 8/2008-STJ).

Não incide contribuição previdenciária a cargo da empresa sobre a importância paga nos quinze dias que antecedem o auxílio-doença. Inicialmente, no que se refere ao segurado empregado, durante os primeiros quinze dias consecutivos ao do afastamento da atividade por motivo de doença, incumbe ao empregador efetuar o pagamento do seu salário integral (art. 60, § 3º, da Lei 8.213/1991, com redação dada pela Lei 9.876/1999). Não obstante nesse período haja o pagamento efetuado pelo empregador, a importância paga não é destinada a retribuir o trabalho, sobretudo porque no intervalo dos quinze dias consecutivos ocorre a interrupção do contrato de trabalho, ou seja, nenhum serviço é prestado pelo empregado. Assim, a importância paga não se enquadra na hipótese de incidência da exação, que exige verba de natureza remuneratória. Com efeito, esse pagamento tem apenas o escopo de

---

[62] Ibid., grifo no original.

transferir o encargo da Previdência Social para o empregador que, evidentemente, não paga salário, mas sim um "auxílio" cujo pagamento lhe foi transferido pela Lei. Trata-se, pois, de política previdenciária destinada a desonerar os cofres da Previdência. Acrescente-se que a opção legislativa, de estabelecer regra própria para o segurado empregado, não tem o condão de alterar a natureza da verba paga durante o período de incapacidade. Ainda, ressalte-se que a incapacidade não se dá a partir do décimo sexto dia, de modo que não se pode confundir o início do pagamento do benefício pela Previdência Social com o início do período de incapacidade. Precedentes citados: AgRg no REsp 957.719-SC, Primeira Turma, DJe 2/12/2009; e AgRg no REsp 1.100.424-PR, Segunda Turma, DJe 18/3/2010.[63]

Alíquotas incidentes sobre o salário de contribuição

As contribuições previdenciárias poderão ter alíquotas ou bases de cálculo diferenciadas em razão da atividade econômica ou utilização intensiva de mão de obra, do porte da empresa ou da condição estrutural do mercado.

A contribuição previdenciária, como vista acima, é devida tanto pelos segurados quanto pela empresa ou tomador de serviço.

Quanto ao recolhimento propriamente dito dos segurados:

❏ Para empregado, avulso e doméstico – é calculada mediante a aplicação da correspondente alíquota (8%, 9% ou 11%) sobre seu salário de contribuição mensal.

---

[63] Ibid., grifo no original.

Tabela 1
TABELA DE CONTRIBUIÇÃO DOS SEGURADOS EMPREGADOS, AVULSOS E DOMÉSTICOS

Salário de contribuição (R$)	Alíquota
Até 1.317,07	8%
De 12.317,08 até 2.195,12	9%
De 2.195,13 até 4.390,24	11%

❏ Já para os contribuintes individuais e facultativos, será, em regra, de 20% sobre o respectivo salário de contribuição (podendo ser reduzida para 11% ou 5% em algumas hipóteses, incluindo o MEI).

Tabela 2
TABELA DE CONTRIBUIÇÃO DOS SEGURADOS CONTRIBUINTE INDIVIDUAL E FACULTATIVO

Salário de contribuição (R$)	Alíquota
724,00 – MEI	5%
724,00 – exceto MEI	11%
De 724,00 até 4.390,24	20%

A empresa é obrigada a reter a contribuição do segurado contribuinte individual a seu serviço, descontando-a da respectiva remuneração, e a recolher o valor arrecadado (20% ou 11%), juntamente com a contribuição a seu cargo. Aplica-se essa regra também à cooperativa de trabalho em relação à contribuição social devida pelo seu cooperado).

A contribuição do segurado trabalhador rural contratado por produtor rural pessoa física por pequeno prazo (até dois meses) para o exercício de atividades de natureza temporária é de 8% sobre o respectivo salário de contribuição.

O contribuinte individual nessa situação é obrigado a complementar, diretamente, a contribuição até o valor mínimo mensal do salário de contribuição, quando as remunerações recebidas no mês, por serviços prestados a pessoas jurídicas, for inferior a este.

Cabe ao próprio contribuinte individual que prestar serviços – no mesmo mês, a mais de uma empresa – cuja soma das remunerações superar o limite mensal do salário de contribuição, comprovar às que sucederem a primeira o valor ou valores sobre os quais já tenha incidido o desconto da contribuição, de forma a se observar o limite máximo do salário de contribuição.

Nessa hipótese, a Receita Federal do Brasil (RFB) poderá facultar ao contribuinte individual que prestar, regularmente, serviços a uma ou mais empresas, cuja soma das remunerações seja igual ou superior ao limite mensal do salário de contribuição, indicar qual ou quais empresas e sobre qual valor deverá proceder ao desconto da contribuição, de forma a respeitar o limite máximo, e dispensar as demais dessa providência, bem como atribuir ao próprio contribuinte individual a responsabilidade de complementar a respectiva contribuição até o limite máximo, na hipótese de, por qualquer razão, deixar de receber remuneração ou receber remuneração inferior às indicadas para o desconto.

Conforme Instrução Normativa RFB nº 971, de 13 de novembro de 2009, o disposto acima não se aplica ao contribuinte individual, quando contratado por outro contribuinte individual equiparado a empresa ou por produtor rural pessoa física ou por missão diplomática e repartição consular de carreiras estrangeiras, e nem ao brasileiro civil que trabalha no exterior para organismo oficial internacional do qual o Brasil é membro efetivo.

A contribuição previdenciária devida pela empresa (conhecida como cota patronal) será objeto de análise no capítulo 4.

Questões de automonitoramento

1) Após ler o capítulo, você é capaz de resumir o caso gerador do capítulo 5, identificando as partes envolvidas, os problemas atinentes e as soluções cabíveis?
2) Quais são as regras da contribuição previdenciária?
3) Que princípios norteiam a previdência social?
4) Discorra sobre os principais tipos de aposentadoria.
5) O que se compreende como segurado?
6) Defina salário de contribuição.
7) Sobre o caso gerador do capítulo 5, qual seria a posição mais vantajosa para a empresa, tendo em vista os encargos a serem pagos?
8) Pense em alternativas para a solução do caso gerador do capítulo 5 e descreva-as mentalmente.

4 Contribuição previdenciária: cota patronal, desoneração da folha, RAT/FAP

Roteiro de estudo

Apresentação

Este capítulo tem o objetivo de apresentar ao aluno as diretrizes principais para continuar o aprofundamento no estudo sobre o tema da contribuição previdenciária.

O escopo principal deste trabalho é dar continuidade aos ensinamentos sobre as regras gerais da contribuição previdenciária, ao que foi exposto sobre os segurados, como também aos princípios do salário de contribuição.

Serão abordados, neste estudo, a partir das normas da Constituição Federal e de outras leis que versam sobre a matéria, os aspectos relativos à cota patronal, à desoneração da folha e à adoção do risco acidente de trabalho e do fator acidentário de previdência (RAT/FAP), no que concerne à contribuição previdenciária.

Breve síntese da evolução do tema

A cobertura acidentária no Brasil muito mudou desde 1919. Originariamente, a responsabilidade do empregador, além de limitada, poderia ser excluída na hipótese de dolo do empregado ou força maior. Não raramente, ainda impunha-se ao operário a prova de seu infortúnio.

A legislação de 1919 admitia a teoria do contrato, impondo um dever geral de cuidado do empregador para com seus empregados, como um encargo derivado da subordinação contratual. Em resumo, o legislador não permitia ao patrão atirar todos os riscos da indústria para as costas do operário.[64] Apesar de gerar, pela primeira vez, a inversão do ônus da prova em prol do obreiro, ainda era frágil por permitir exclusões diversas, como imprudência grave do empregado.

A partir de 1934, a teoria do risco profissional é adotada e aperfeiçoada, inserindo maior leque de doenças profissionais e, também, excluindo as possibilidades de elisão da responsabilidade do empregador, como em força maior ou culpa exclusiva da vítima. A eventual vantagem da atividade econômica para o empresário impunha, como consequência, o ônus pelos acidentes do trabalho, ainda que derivados da imprudência do próprio obreiro.

O último grau de evolução foi a adesão do sistema acidentário ao previdenciário, tomando lugar, então, a teoria do risco social, em 1967, pois a cobertura de acidentados não seria mais um problema do empregador, mas de todo o grupo protegido. Sob tal enfoque, as eventuais dificuldades financeiras de uma empresa, por exemplo, não teriam impacto algum sobre o benefício – agora previdenciário – pago pela entidade competente.[65]

---

[64] MORAES, Evaristo de. *Os accidentes no trabalho e a sua reparação*. São Paulo: LTr, 2009. p. 34. Edição fac-similada.
[65] Para mais detalhes da evolução legislativa do tema, ver: MAGANO, Octávio Bueno. *Lineamentos de infortunística*. São Paulo: Bushatsky, 1976. p. 7 e segs. Como aponta em

Além do regramento relativo à responsabilidade do empregador, o tema acidentário também sofreu mudanças no universo dos sinistros considerados como derivados do trabalho do acidente típico – violento, abrupto e imediato –, passando a legislação a privilegiar, cada vez mais, os infortúnios camuflados pelo tempo, ocasionados pela degenerescência gradual do corpo e da mente em ambiente inadequado de labor.

A cota patronal na contribuição previdenciária

A *contribuição previdenciária possui duas hipóteses de incidência, sendo conhecidas sobre essa rubrica as contribuições: (1) do trabalhador e dos demais segurados incidentes sobre seu salário de contribuição (art. 195, II, da CRFB/1988); e (2) a do empregador, da empresa ou da entidade a ela equiparadas incidentes sobre a folha de pagamento (art. 195, I, "a", da CRFB/1988).*

Em tópico do capítulo 4, foram vistos os aspectos da contribuição devida pelos segurados. Neste capítulo, será analisada a contribuição devida pelo empregador, pela empresa ou pela entidade a ela equiparada, que é conhecida comumente como "cota patronal" e que encontra previsão constitucional no art. 195, I, "a", da Carta Magna.

Art. 195. A seguridade social será financiada por toda a sociedade, de forma direta e indireta, nos termos da lei, mediante recursos provenientes dos orçamentos da União, dos Estados,

---

detalhes o autor, o monopólio estatal do seguro de acidentes teria, a princípio, iniciado com o Decreto-Lei nº 7.036/1944, impondo tal encargo aos institutos de aposentadoria e pensão. Todavia, não era categórico, excluindo os IAPs não aparelhados para tanto. O Decreto-Lei nº 293/1967 chegou a prever o regime de concorrência entre INPS e seguro privado, como já vinha ocorrendo na prática, mas teve duração efêmera, sendo, alguns meses depois, superado pela Lei nº 5.316/1967, que, por fim, aderiu à teoria do risco social, com a aderência do Seguro Acidente de Trabalho (SAT) ao regime previdenciário estatal.

do Distrito Federal e dos Municípios, e das seguintes contribuições sociais: (Vide Emenda Constitucional nº 20, de 1998)
I - do empregador, da empresa e da entidade a ela equiparada na forma da lei, incidentes sobre: (Redação dada pela Emenda Constitucional nº 20, de 1998)
a) a folha de salários e demais rendimentos do trabalho pagos ou creditados, a qualquer título, à pessoa física que lhe preste serviço, mesmo sem vínculo empregatício; (Incluído pela Emenda Constitucional nº 20, de 1998)

A cota patronal é paga pelas empresas, empregadores ou equiparados e incide sobre a remuneração paga, devida ou creditada aos segurados a seu serviço, tal como disciplina o art. 22 da Lei nº 8.212/1991.

Art. 22. A contribuição a cargo da empresa, destinada à Seguridade Social, além do disposto no art. 23, é de:
I - vinte por cento sobre o total das remunerações pagas, devidas ou creditadas a qualquer título, durante o mês, aos segurados empregados e trabalhadores avulsos que lhe prestem serviços, destinadas a retribuir o trabalho, qualquer que seja a sua forma, inclusive as gorjetas, os ganhos habituais sob a forma de utilidades e os adiantamentos decorrentes de reajuste salarial, quer pelos serviços efetivamente prestados, quer pelo tempo à disposição do empregador ou tomador de serviços, nos termos da lei ou do contrato ou, ainda, de convenção ou acordo coletivo de trabalho ou sentença normativa; (Redação dada pela Lei nº 9.876, de 1999)
II - para o financiamento do benefício previsto nos arts. 57 e 58 da Lei nº 8.213, de 24 de julho de 1991, e daqueles concedidos em razão do grau de incidência de incapacidade laborativa decorrente dos riscos ambientais do trabalho, sobre o total das remunerações pagas ou creditadas, no decorrer do mês, aos

segurados empregados e trabalhadores avulsos: (Redação dada pela Lei nº 9.732, de 1998)

a) 1% (um por cento) para as empresas em cuja atividade preponderante o risco de acidentes do trabalho seja considerado leve;

b) 2% (dois por cento) para as empresas em cuja atividade preponderante esse risco seja considerado médio;

c) 3% (três por cento) para as empresas em cuja atividade preponderante esse risco seja considerado grave.

III - vinte por cento sobre o total das remunerações pagas ou creditadas a qualquer título, no decorrer do mês, aos segurados contribuintes individuais que lhe prestem serviços; (Incluído pela Lei nº 9.876, de 1999)

IV - quinze por cento sobre o valor bruto da nota fiscal ou fatura de prestação de serviços, relativamente a serviços que lhe são prestados por cooperados por intermédio de cooperativas de trabalho. (Incluído pela Lei nº 9.876, de 1999)

É importante destacar que a cota patronal não incide sobre o salário de contribuição, conceito utilizado para o recolhimento da contribuição devida pelos segurados. Dessa forma, a contribuição previdenciária da empresa é calculada sobre a remuneração total, não estando, portanto, sujeita ao limite máximo do salário de contribuição. Nesse contexto, tem-se o seguinte panorama de incidência da contribuição previdenciária:

1) Cota patronal devida pela empresa ou equiparado:

❏ *Em relação aos segurados empregados e trabalhadores avulsos*, é de 20% incidentes

sobre o total das *remunerações pagas, devidas ou creditadas, a qualquer título, durante o mês,* aos segurados empregados e trabalhadores avulsos que lhe prestem serviços, destinadas a retribuir o trabalho, qualquer que seja a sua forma, inclusive as gorjetas, os ganhos habituais sob a forma de utilidades e os adiantamentos decorrentes de reajuste salarial, quer pelos serviços efetivamente prestados, quer pelo tempo à disposição do empregador ou tomador de serviços, nos termos da lei ou do contrato ou, ainda, de convenção ou acordo coletivo de trabalho ou sentença normativa [art. 22, I, da Lei nº 8.212/1991].

Percebe-se claramente que a legislação utiliza-se de um conceito de crédito jurídico, impondo o recolhimento da contribuição ainda que não haja a efetiva remuneração do trabalhador, já que haverá também a incidência sobre a remuneração devida ou creditada. Exceção é feita com relação à gratificação natalina devida aos segurados empregados (e que não tenham tido rescisão de seus contratos de emprego ao longo do ano), cuja incidência a legislação determina apenas em 20 de dezembro, e às férias, em relação às quais a incidência se dá no mês a que se referem.

Há algumas particularidades em relação à cota patronal de alguns tipos de empresas. Com efeito, por força do disposto no § 1º do art. 22 da Lei nº 8.212/1991, as instituições financeiras e as demais ali elencadas estão sujeitas a um adicional de 2,5%, incidente sobre a remuneração dos segurados *empregados, trabalhadores avulsos e contribuintes individuais*:

> § 1º. No caso de bancos comerciais, bancos de investimentos, bancos de desenvolvimento, caixas econômicas, sociedades de crédito, financiamento e investimento, sociedades de crédito imobiliário, sociedades corretoras, distribuidoras de títulos e valores mobiliários, empresas de arrendamento mercantil, cooperativas de crédito, empresas de seguros

privados e de capitalização, agentes autônomos de seguros privados e de crédito e entidades de previdência privada abertas e fechadas, além das contribuições referidas neste artigo e no art. 23, é devida a contribuição adicional de dois vírgula cinco por cento sobre a base de cálculo definida nos incisos I e III deste artigo. (Redação dada pela Lei nº 9.876, de 1999). (Vide Medida Provisória nº 2.158-35, de 2001)

❏ *Em relação aos segurados contribuintes individuais*, é de 20% incidentes "sobre o total das remunerações pagas ou creditadas, a qualquer título, no decorrer do mês, aos segurados contribuintes individuais que lhe prestem serviços", na forma do art. 22, III, da Lei nº 8.212/1991, com a redação dada pela Lei nº 9.876/1999, para fatos geradores ocorridos a partir de 1º de março de 2000.

Verifica-se que a empresa não está exonerada do recolhimento da cota patronal sobre a remuneração paga aos contribuintes individuais, a qual possui alíquota idêntica àquela aplicável aos segurados empregados e avulsos. Assim, a empresa deve submeter à tributação a remuneração paga aos prestadores de serviços pessoa física, ainda que sejam eventuais. Todavia, para os contribuintes individuais, como será visto adiante, não será devido pela empresa tomadora o recolhimento do RAT, considerando que os contribuintes individuais não podem fruir benefícios acidentários, destinação específica do RAT.

❏ *Em relação a cooperados*, é de 15% incidentes "sobre o valor bruto da nota fiscal, da fatura ou do recibo de prestação de serviços, relativamente aos serviços que lhe forem prestados por cooperados por intermédio de cooperativas de trabalho", na forma do art. 22, IV, da Lei nº 8.212/1991, com a redação dada pela Lei nº 9.876/1999, para fatos geradores ocorridos a partir de 1º de março de 2000.

2) Cota patronal devida pelo empregador doméstico – é de 12% do salário de contribuição do empregado doméstico.

Verifica-se, claramente, que a legislação utiliza o conceito de remuneração como sendo a base de cálculo para incidência das alíquotas acima descritas. No entanto, como visto no capítulo 1, a base de cálculo para incidência da contribuição previdenciária é o salário de contribuição, sendo que algumas rubricas não compõem, seja pela previsão expressa em lei, seja conforme a orientação recentemente fixada pela jurisprudência quando do julgamento do REsp nº 1.230.57/RS pelo STJ.

Nesse contexto, cabe destacar a previsão do § 2º do art. 22 da Lei nº 8.212/1991, segundo o qual as parcelas mencionadas no § 9º do art. 28 da mesma lei não integram a remuneração, ou seja, não integram o salário de contribuição, não havendo incidência da contribuição previdenciária sobre tais parcelas.

Imunidade tributária em relação à cota patronal

Como estímulo à assistência social, a Constituição Federal, em seu art. 195, § 7º, preceitua serem isentas de contribuição para a seguridade social as entidades beneficentes de assistência social que atendam às exigências estabelecidas em lei.

A "desoneração" de que trata esse dispositivo da Constituição configura imunidade e não isenção, haja vista que a imunidade é hipótese de desoneração tributária prevista na própria Constituição, constituindo, pois, uma limitação constitucional ao poder de tributar. As isenções, diversamente, são estabelecidas por leis infraconstitucionais, sejam elas complementares ou ordinárias.

Entendia-se que a "lei" a que se refere o § 7º do art. 195 é lei complementar, haja vista tratar-se de caso de imunidade e não de isenção, aplicando-se ao presente caso as considerações lançadas quanto aos demais tributos, de que cabe ao art. 14 do Código Tributário Nacional (CTN) dispor sobre as condições para que as entidades de assistência social gozem de imunidade. Partindo-se de tal pressuposto, a lei disciplinadora dos requisitos para reconhecimento da imunidade das entidades de assistência social prevista no art. 195, § 7º, da CRFB/1988 seria o art. 14 do CTN.

> Art. 9º. É vedado à União, aos Estados, ao Distrito Federal e aos Municípios:
> [...]
> IV - cobrar imposto sobre:
> [...]
> c) o patrimônio, a renda ou serviços dos partidos políticos, inclusive suas fundações, das entidades sindicais dos trabalhadores, das instituições de educação e de assistência social, sem fins lucrativos, observados os requisitos fixados na Seção II deste Capítulo. (Redação dada pela Lei Complementar nº 104, de 10.1.2001)
>
> Art. 14. O disposto na alínea "c" do inciso IV do artigo 9º é subordinado à observância dos seguintes requisitos pelas entidades nele referidas:
> I - não distribuírem qualquer parcela de seu patrimônio ou de suas rendas, a qualquer título; (Redação dada pela Lcp nº 104, de 10.1.2001)
> II - aplicarem integralmente, no País, os seus recursos na manutenção dos seus objetivos institucionais;
> III - manterem escrituração de suas receitas e despesas em livros revestidos de formalidades capazes de assegurar sua exatidão.

Todavia, existe entendimento doutrinário e também jurisprudencial no sentido de que a lei mencionada pelo art. 195,

§ 7º, da CRFB/1988, poderia ser a ordinária, desde que não inovasse o campo conferido com exclusividade à lei complementar, limitando-se a explicitar o que já está contido nesta.

Deve-se registrar que o Supremo Tribunal Federal já apresentou posicionamento nessa direção, reconhecendo que bastaria a fixação dos requisitos por meio de lei ordinária (veja-se, nesse sentido, a medida cautelar concedida na ADI nº 2.036/DF, julgada em 1999, de relatoria do ministro Moreira Alves).

Em 2008, o STF, até mesmo diante do vasto lapso temporal transcorrido, no bojo do RE nº 566.622/RS, de relatoria do ministro Marco Aurélio, reconheceu a repercussão geral da questão constitucional, oportunizando que seja em breve feita pelo Pretório Excelso a análise da higidez ou não do art. 55 da Lei nº 8.212/1991, que dispunha no plano infraconstitucional sobre os requisitos para fruição da imunidade.

Todavia, o referido dispositivo foi revogado pela Lei nº 12.101/2009, que passou, então, a regular a matéria. É importante destacar, contudo, que a decisão que reconheceu a repercussão geral foi proferida em 2008 e que, até o presente momento, não houve o julgamento de mérito do RE nº 566.622/RS. Em fevereiro de 2014, foi deferido o ingresso do Conselho Federal da Ordem dos Advogados do Brasil na qualidade de terceiro interessado.

A adoção do risco acidente de trabalho e do fator acidentário de previdência (RAT/FAP)

A atual contribuição denominada *risco acidente de trabalho* (RAT) corresponde ao antigo *seguro acidente de trabalho* (SAT).

O inciso II do art. 22 da Lei nº 8.212/1991 (com a redação dada pela Lei nº 9.732/1998) traz a previsão no plano infraconstitucional de incidência dessa contribuição, a qual também é devida pela empresa e equiparada sobre a folha de pagamento, e tem destinação específica para o custeio dos benefícios concedidos pelo INSS decorrentes de acidentes de trabalho. O fundamento constitucional dessa contribuição está no inciso XXVIII do art. 7º, que assegura como direito do trabalhador o seguro contra acidentes de trabalho, a cargo do empregador, sem excluir a indenização a que este está obrigado quando incorrer em dolo e culpa; e privilegia a teoria do risco social, compartilhando o custeio do financiamento dos benefícios.

Além disso, o § 10 do art. 201 da CRFB/1988 também seria um fundamento para tal tributo, por assim dispor:

> § 10. Lei disciplinará a cobertura do risco de acidente do trabalho, a ser atendida concorrentemente pelo regime geral de previdência social e pelo setor privado. (Incluído pela Emenda Constitucional nº 20, de 1998)

Cabe destacar que o § 9º do art. 195 da Carta Constitucional autoriza que haja alíquotas diferenciadas em razão da atividade econômica:

> § 9º. As contribuições sociais previstas no inciso I do caput deste artigo poderão ter alíquotas ou bases de cálculo diferenciadas, em razão da atividade econômica, da utilização intensiva de mão de obra, do porte da empresa ou da condição estrutural do mercado de trabalho. (Redação dada pela Emenda Constitucional nº 47, de 2005)

Apesar de o inciso XXVIII do art. 7º da CRFB/1988 mencionar apenas empregador, levando inicialmente à conclusão de que apenas o empregado teria direito, por força do inciso XXXIV do mesmo dispositivo constitucional, que promove a equiparação de direitos entre empregados e avulsos, estão abrangidos pelo RAT os segurados empregados e os avulsos.

Assim, a contribuição incide sobre o total das remunerações pagas, devidas ou creditadas, a qualquer título, no decorrer do mês, aos segurados *empregados e trabalhadores avulsos* que lhe prestem serviços. Cabe destacar que o enquadramento nos referidos graus de risco é feito pela própria empresa mensalmente, na GFIP, com base na sua atividade econômica preponderante, a partir das diretrizes fixadas no anexo V, do Decreto nº 3.048/1999 (Relação de Atividades Preponderantes e Correspondentes Graus de Risco).

Ou seja, diante de temática extremamente técnica, o legislador, ao instituir essa exação, acertadamente delegou a competência ao Poder Executivo para, mediante exercício do poder regulamentar, trazer as bases que nortearão os contribuintes a formalizar seus enquadramentos, o que foi feito por meio do citado anexo ao Decreto nº 3.048/1999.

Diante dessa situação, muitos contribuintes discutiram a constitucionalidade de tal exação em juízo, por violação ao princípio da legalidade tributária previsto no art. 150, I, da CRFB/1988, por terem considerado que a lei deixou para o regulamento a fixação de elemento constitutivo do tributo, qual seja, a alíquota, ferindo a legalidade tributária. Além disso, era alegado que o decreto teria extrapolado o poder regulamentar, pois fixou conceitos que não teriam sido previstos na lei, e, com isso, aumentado o campo de incidência tributária ou a alíquota.

Essa tese não foi acolhida, ao final, pelo Judiciário, que culminou reconhecendo a constitucionalidade da contribuição (à época, ainda SAT) na forma como havia sido prevista pelo legislador no art. 22, II, alíneas, da Lei nº 8.212/1991.

Frise-se que a responsabilidade por esse enquadramento é da própria empresa, ficando, portanto, sujeita à contestação pela autoridade tributária quando da fiscalização, sendo os percentuais aplicados conforme seja o risco da atividade leve, moderado ou grave.

Essa contribuição possui alíquotas variáveis de 1% (aplicável em caso de risco leve), 2% (aplicável em caso de risco moderado) ou 3% (aplicável em caso de risco grave), dependendo do grau de risco da atividade, para o financiamento do benefício previsto nos arts. 57 e 58 da Lei nº 8.213/1991 e daqueles concedidos em razão do grau de incidência de incapacidade laborativa decorrente dos riscos ambientais do trabalho, na forma do art. 22, II, da Lei nº 8.212/91.

Para determinar o valor correto da parcela básica do RAT, é necessário identificar em qual dessas duas situações a empresa se enquadra:

❑ Se tem somente *uma única atividade econômica*, ou seja, quando todos os funcionários da empresa trabalham em diversos setores, mas para a fabricação do produto final. Ex.: construtora, metalúrgica.

❑ Se tem *atividade econômica preponderante*, ou seja, quando a empresa tem várias atividades econômicas, ou seja, fabrica vários produtos, como é o caso de empresas que possuem várias fábricas com diversidade de produção. Ex.: grupos empresariais que fabricam adubos, medicamentos, ração etc. Nesse caso, é necessário identificar qual é a atividade econômica do grupo que tem o maior número de funcionários e sua respectiva classificação nacional de atividade econômica (CNAE). Essa será a atividade econômica preponderante.

É importante destacar que, na forma da Súmula nº 351 do STJ, havendo inscrições individualizadas dos estabelecimentos perante o Cadastro Nacional de Pessoas Jurídicas do Ministério da Fazenda (CNPJ), a apuração da alíquota deve ser individualizada também em cada um desses estabelecimentos. Havendo vários estabelecimentos, mas um único cadastro no CNPJ, deverá a atividade preponderante ser apurada como um todo para fins de incidência da alíquota de forma global.

A alíquota de contribuição para o Seguro de Acidente do Trabalho (SAT) é aferida pelo grau de risco desenvolvido em cada empresa, individualizada pelo seu CNPJ, ou pelo grau de risco da atividade preponderante quando houver apenas um registro [STJ. Súmula nº 351, de 11 de junho de 2008. *DJe*, 19 jun. 2008].

Além do RAT, a partir de janeiro de 2010 entra em vigor também o fator acidentário de prevenção (FAP), mecanismo que permite à previdência aumentar ou diminuir a alíquota de 1% (risco leve), 2% (risco médio) ou 3% (risco grave) que a empresa já recolhe para o RAT. Essas alíquotas poderão ser reduzidas em até 50% ou aumentadas em até 100%, dependendo da situação da empresa quanto à incidência de doenças de seus empregados, identificada pelo nexo técnico epidemiológico previdenciário (NTEP).

Assim, o FAP visa a conferir certa individualização na quantificação do potencial de sinistros que cada empresa gera para o sistema, prestigiando com a redução aquelas empresas que tenham melhor desempenho, na forma do art. 202-A do Decreto nº 3.048/1999, incluído pelo Decreto nº 6.042/2007. A redação desse dispositivo foi posteriormente alterada pelo Decreto nº 6.957/2009, ocasião em que várias atividades econômicas tiveram as alíquotas reduzidas de 3% para 2% ou 1% e outras tiveram majoração de 1% para 2% ou 3%.

Dessa forma, o FAP consiste em um multiplicador variável num intervalo contínuo de cindo décimos a dois inteiros, a ser aplicado sobre a alíquota respectiva (art. 202-A do Decreto nº 3.048/1999, com a redação dada pelo Decreto nº 6.957/2009).

Cada segmento econômico, identificado por sua CNAE, terá seu percentual a ser multiplicado pelo RAT. O cálculo é feito pela fórmula: RAT ajustado = RAT × FAP.

Para o cálculo anual do FAP, a previdência publicará os valores desses percentuais em relação às suas respectivas CNAEs. Serão utilizados os dados de janeiro a dezembro de cada ano, até completar o período de dois anos. Após isso, os dados do ano inicial serão substituídos pelos novos dados anuais incorporados (art. 202-A, § 7º, do Decreto nº 3.048/1999, com a redação dada pelo Decreto nº 6.957/2009).

"Para a empresa constituída após janeiro/2007, o FAP será calculado a partir de 1º de janeiro do ano seguinte ao que completar dois anos de constituição" (art. 202-A, § 8º, do Decreto nº 3.048/1999, com a redação dada pelo Decreto nº 6.957/2009).

Excepcionalmente, a legislação previa que nesse primeiro processamento do FAP fossem utilizados os dados de abril de 2007 a dezembro de 2008 (art. 202-A, § 9º, do Decreto nº 3.048/1999, com a redação dada pelo Decreto nº 6.957/2009).

"A metodologia aprovada pelo Conselho Nacional de Previdência Social [CNPS] indicará a sistemática de cálculo e a forma de aplicação dos índices e critérios acessórios à composição do índice composto do FAP" (art. 202-A, § 10, do Decreto nº 3.048/1999, com a redação dada pelo Decreto nº 6.957/2009). Tal metodologia foi veiculada na Resolução CNPS nº 1.356/2010, em vigor desde janeiro de 2011, não contemplando as empresas optantes pelo Simples Nacional, que não se sujeitam a essa sistemática.

Em 2010, ano inicial de aplicação dessa sistemática, as empresas que haviam feito investimentos na prevenção de acidentes e doenças do trabalho, bem como na promoção de melhoria no meio ambiente do trabalho e na saúde de seus trabalhadores, tiveram reconhecida uma bonificação em 2011, ano inicial da vigência.

Enquanto isso, as empresas que não haviam investido sujeitaram-se a incidência das alíquotas da parcela básica majoradas em 75%, de forma que os índices máximos aplicáveis no cálculo foram de: (1) para o grau leve de 1%: 1,75%; (2) para o grau médio de 2%: 3,5%; e (3) para o grau grave de 3%: 5,25%.

A partir de 2011, com o fim da redução de 25%, os índices passaram a ter um teto de 2%, 4% e 6%, respectivamente. Atualmente o FAP encontra previsão na Portaria Interministerial MPS/MF nº 413, de 24 de setembro de 2013, com vigência a partir de 1º de janeiro de 2014 a 31 de dezembro de 2014, podendo também ser consultado via internet mediante cadastramento de senha pela empresa vinculada ao CNPJ da matriz.

Não se deve, com toda a certeza, ignorar o FAP como um dos melhores instrumentos de incentivo à melhoria do meio ambiente do trabalho o qual, portanto, deve ser robustecido e aprimorado. Sem embargo, a disciplina atual, aliada à base de dados frágeis, demanda revisões urgentes, sob pena de inviabilizar sua utilização de forma continuada.[66]

Contudo, há um grave problema, posto a alíquota básica do SAT/RAT decorre da atual sistemática de cálculo do FAP baseada em *percentis*, a qual ignora as variadas situações das empresas, com características muito diversificadas, além de grande parte das situações concretas, no período avaliado, não ter acidente algum, impondo, não raramente, incremento indevido de alíquota.[67]

A categorização por percentis, conceitualmente, parte da premissa da divisão de determinado universo em partes iguais,

---

[66] Algumas das críticas aqui citadas também são apontadas por: VIANA, Claudia Salles Vilela; FOLMANN, Melissa. *Fator acidentário de prevenção (FAP)*: inconstitucionalidades, ilegalidades e irregularidades. Curitiba: Juruá, 2011.
[67] Um reflexo do mecanismo de percentis, em prejuízo das empresas, foi a negativa de redução de alíquota – FAP 0,5 – para empresas sem qualquer acidente. Obviamente, não havendo qualquer infortúnio, as variáveis de frequência, gravidade e custo são nulas e, por conseguinte, o FAP deveria ser o menor possível. Com a divisão em percentis isso não ocorre. O erro era tão flagrante que, nesse caso, foi corrigido pela Resolução CNPS nº 1.316/2010.

que é exatamente o que não ocorre no aglomerado de empresas em determinada atividade econômica, em especial pelo porte dos mais variados, aliado a uma dominância, em determinados setores, por pequenas empresas.

A identificação das distâncias relativas é justamente o que se busca no FAP. Mas com o critério de percentis, é exatamente o que não se consegue.[68] A estrutura básica do fator foi desnaturada.

Para piorar, há, ainda, as dificuldades específicas da base de dados, com informações conflitantes e mesmo equivocadas. Não raramente, os elementos do Cadastro Nacional de Informações Sociais (CNIS) padecem de vícios e equívocos, muitos dos quais gerados por erros de informação ou processamento.[69]

Por natural, nenhuma base de dados é imune a erros, e o CNIS não seria exceção. O problema ocorre quando tais erros geram incremento de sinistralidade da empresa, com consequente majoração de contribuição, e a reavaliação demanda esforço elevado das empresas envolvidas, as quais, em regra, devem comparar empregado a empregado, acidente a acidente, de forma a identificar os vícios de informação porventura existentes.

É importante que a Receita Federal do Brasil (RFB), em conjunto com os demais órgãos envolvidos, traga as fontes de cálculo do FAP da maneira mais acessível possível, com possibilidade de recursos efetivos e com rápida avaliação, de forma a não macular esse importante instrumento de estímulo ao meio ambiente de trabalho salubre.

---

[68] OLIVEIRA, Paulo Rogério Albuquerque de. *Uma sistematização sobre a saúde do trabalhador*: do exótico ao esotérico. São Paulo: LTr, 2011. p. 283.
[69] É fato notório que, por ocasião da implantação da GFIP, os formulários eram feitos manualmente e, após a recepção pela Caixa Econômica Federal, digitados e, então, inseridos no sistema para, posteriormente, serem enviados à Dataprev, que os inseria no CNIS. Durante alguns anos, até a obrigatoriedade da transmissão digital, muitas informações foram enviadas de forma equivocada ou simplesmente perdidas. Na verdade, mesmo hoje, o sistema ainda encontra falhas, tendendo a melhorar substancialmente com a EFD-Social, possivelmente a partir de 2013.

Além das questões citadas, há outros problemas na atual metodologia do FAP. Primeiramente, não é correta a contagem, na frequência de acidentes, das comunicações de acidente do trabalho (CAT) sem benefício previdenciário, o qual, em regra, exige mais de 15 dias de afastamento. O acidente do trabalho é aquele que, além do nexo causal, traz a necessária incapacidade, temporária ou permanente, além do óbito. Nada impede, portanto, que haja um acidente com curto período de afastamento – sendo inclusive correta a comunicação – mas tal evento, em geral, não é relevante para o INSS e, por não gerar benefício, não deveria ser computado.

No mesmo contexto, erra o sistema ao inserir, na quantificação de acidentes, as prestações previdenciárias oriundas de sinistros *in itinere*, ou seja, nos trajetos da residência para o trabalho e vice-versa. O empregador não possui, em regra, qualquer responsabilidade ou mesmo condição de interferir em tais eventos e, portanto, submetê-lo a sanções indiretas por sinistros provocados além-muros – nessa hipótese – é absurdo.

Outro ponto obscuro diz respeito ao cálculo em si do FAP. Sabe-se que para apurar o fator há uma avaliação comparativa com as demais empresas do segmento econômico. Como tais informações não são prestadas, sob alegação de sigilo fiscal, qualquer reavaliação do FAP calculado, por parte da empresa interessada, será inviável. Na verdade, a defesa, hoje, limita-se a identificar erros na base de dados, mas sem enfrentar o âmago da questão, que é a fixação da empresa dentro do grupamento econômico.

A alegação de sigilo é descabida, pois não se está expondo quanto determinada empresa deve ou pagou de contribuição social, mas somente exibindo o grau de sinistralidade daquele empreendimento. Tais informações, em geral, já são de conhecimento dos sindicatos, por exemplo, além dos segurados que, no trabalho diário, têm notícia dos acidentes e doenças ocorridos no dia a dia.

A questão do sigilo fiscal existe, desde sempre, como forma de proteger o sujeito passivo frente às exposições invasivas e mesmo vexatórias de sua condição fiscal, o que poderia prejudicar investimentos futuros, afastar clientes ou mesmo levar o negócio à falência. Nunca será finalidade do sigilo fiscal omitir os números acidentários de determinada empresa, especialmente pelo potencial moralizador e incentivador na adequação do meio ambiente do trabalho.

Afora a parcela básica, as empresas que exerçam atividades em condições especiais, expondo seus trabalhadores a agentes nocivos, químicos ou biológicos, prejudiciais a sua saúde e integridade física, estarão sujeitas também ao recolhimento de um adicional do RAT, que será destinado ao financiamento das aposentadorias especiais, da seguinte forma:

❏ regra geral: utilizando-se as alíquotas de *6%, 9% e 12%* incidentes sobre a remuneração paga, devida ou creditada ao *segurado empregado ou trabalhador avulso*, conforme o prazo para a aposentadoria especial seja de 25, 20 ou 15 anos, respectivamente;
❏ *contribuinte individual filiado à cooperativa de produção*: *6%, 9% e 12%* incidentes sobre a remuneração paga ou creditada, tal como ocorre na regra geral, para fatos geradores ocorridos após 1º de abril de 2003, conforme o prazo para a aposentadoria especial seja de 25, 20 ou 15 anos, respectivamente;
❏ *contribuinte individual filiado à cooperativa de trabalho*: *5%, 7% e 9%* incidentes sobre o valor bruto da nota fiscal ou fatura de prestação de serviços, para fatos geradores ocorridos após 1º de abril de 2003, conforme o prazo para a aposentadoria especial seja de 25, 20 ou 15 anos, respectivamente.

É importante destacar que o adicional incide exclusivamente sobre a remuneração do segurado sujeito à exposição, diferentemente do que ocorre com a parcela básica, como visto acima.

Desoneração da folha

A desoneração da folha de pagamento é constituída de duas medidas complementares. No primeiro momento, elimina a atual contribuição previdenciária sobre a folha, adotando uma nova contribuição previdenciária sobre a receita bruta das empresas (descontando as receitas de exportação), em consonância com o disposto nas diretrizes da Constituição Federal.

Em seguida, essa mudança de base da contribuição também contempla uma redução da carga tributária dos setores beneficiados, porque a alíquota sobre a receita bruta foi fixada em um patamar inferior àquela alíquota que manteria inalterada a arrecadação – a chamada alíquota neutra.

O fundamento para a desoneração da folha de pagamento encontra-se no art. 195, §§ 12 e 13, da CRFB/1988, sendo certo que a medida só foi instituída com a Lei nº 12.546/2011.

> § 12. A lei definirá os setores de atividade econômica para os quais as contribuições incidentes na forma dos incisos I, b; e IV do *caput*, serão não cumulativas. (Incluído pela Emenda Constitucional nº 42, de 19.12.2003)
>
> § 13. Aplica-se o disposto no § 12 inclusive na hipótese de substituição gradual, total ou parcial, da contribuição incidente na forma do inciso I, a, pela incidente sobre a receita ou o faturamento. (Incluído pela Emenda Constitucional nº 42, de 19.12.2003)

Somente se enquadrarão nessa sistemática as empresas que exerceram as atividades econômicas ou que fabricarem os produtos industriais listados nos arts. 7º e 8º, da Lei nº 12.546/2011, que inaugurou a desoneração da folha, com as alterações e inclusões feitas pelas Leis nᵒˢ 12.715/2012, 12.844/2013 e 12.873/2013.

Nesses casos, a empresa obrigatoriamente terá de passar a pagar sua contribuição previdenciária sobre a receita bruta oriunda da venda daqueles produtos listados com base na sua classificação na tabela Tipi (válida para a incidência do imposto sobre produtos industrializados – IPI) ou prestação dos serviços enumerados.

A substituição da base folha de pagamento pela base faturamento se aplica apenas à contribuição patronal paga pelas empresas, equivalente a 20% de suas folhas salariais. Todas as demais contribuições incidentes sobre a folha de pagamento permanecem inalteradas, inclusive o FGTS e a contribuição dos próprios empregados para o Regime Geral da Previdência Social. Ou seja, as empresas abrangidas pela mudança continuam recolhendo a contribuição dos seus empregados e as outras contribuições sociais incidentes sobre a folha de pagamento (como seguro de acidente de trabalho, salário-educação, FGTS e sistema S) da mesma forma que hoje – apenas a parcela patronal deixa de ser calculada como proporção dos salários e passa a ser calculada como proporção da receita bruta.

Importante também é destacar que, com base nos arts. 7º e 8º da Lei nº 12.546/2011, para a incidência da contribuição nessa sistemática sobre a receita bruta, deverão ser excluídas as vendas canceladas e os descontos incondicionais concedidos.

Há a previsão de duas alíquotas incidentes sobre a receita bruta (calculada na forma descrita no parágrafo acima) das empresas que irão pagar a contribuição por meio dessa sistemática de desoneração da folha:

❑ *1%* para as empresas que fabricam determinados *produtos industrializados*, identificados pelo código da tabela de

incidência do imposto sobre produtos industrializados – Tipi (vide art. 8º da Lei nº 12.546/2011);
- 2% para as empresas do *setor de serviços*, como aquelas do ramo hoteleiro, de construção civil e de transporte ferroviário e metroferroviário de passageiros (vide art. 7º da Lei nº 12.546/2011).

Se a empresa produzir diferentes tipos de produtos ou prestar diferentes tipos de serviços, sendo que apenas uma parte deles se encontre sob essa sistemática, deverá proporcionalizar sua receita de acordo com os serviços e/ou produtos enquadrados ou não e recolher a contribuição previdenciária separadamente, submetendo parte à incidência desonerada (ou seja, sobre a receita) e parte à incidência tradicional (isto é, sobre a folha de pagamento).

Questões de automonitoramento

1) Após ler este capítulo, você é capaz de resumir o caso gerador do capítulo 5, identificando as partes envolvidas, os problemas atinentes e as soluções cabíveis?
2) Discorra sobre a definição de cota patronal.
3) Ainda sobre a cota patronal, quais são seus requisitos básicos?
4) Identifique as principais características da desoneração em folha.
5) Analise o risco acidente de trabalho e fator acidentário de previdência, e aponte as principais diferenças entre eles.
6) Pense e descreva, mentalmente, alternativas para solução do caso gerador do capítulo 5.

5

Sugestões de casos geradores

Interseção da contabilidade com o direito: noções básicas. Interseção da contabilidade com o direito: demonstrações financeiras (cap. 1)

Caso 1

Aproveitando o desconto fornecido para pagamento antecipado do imposto em cota única, uma sociedade empresária efetuou, em janeiro de 2014, o pagamento do imposto sobre veículos automotores (IPVA) incidente sobre os veículos de sua propriedade e relativo ao ano de 2014. Os veículos são utilizados para entregas das mercadorias vendidas aos clientes. O registro do imposto a pagar foi lançado a crédito no passivo, em contrapartida ao lançamento de 1/12 a débito na conta de despesa com IPVA, para a parcela relativa ao mês de janeiro, e 11/12 a débito em conta de ativo para o montante relativo aos demais meses.

De acordo com o que foi estudado, qual princípio contábil justifica o registro descrito de apenas uma parcela do valor pago em conta de despesa? O que determina tal princípio?

Caso 2

Relacione cada situação descrita abaixo com o(s) respectivo(s) princípio(s) de contabilidade, dissertando sobre seu(s) propósito(s).

1) Uma empresa controladora repassou recursos financeiros para sua controlada e registrou esses recursos como empréstimos a empresas ligadas, no ativo.
2) Uma empresa comercial avalia os estoques ao custo ou valor realizável líquido, dos dois o menor. Se houvesse previsão de descontinuidade, a empresa poderia abandonar a mensuração pelo custo e os estoques poderiam ser avaliados apenas a valores de saída.
3) Uma empresa industrial constituiu uma provisão para perda em questão judicial trabalhista. A provisão foi constituída porque a perda foi avaliada como altamente provável e as estimativas de valor eram confiáveis, embora não fosse possível mensurar o exato valor a ser pago no futuro.

Contribuições. Normas gerais. Natureza jurídica. Competência. Desvio da finalidade. Espécies (cap. 2)

O Tribunal de Contas da União já emitiu pronunciamento (Acórdão nº 1.857/2005) constatando a utilização de recursos provenientes da Cide-combustíveis em finalidades diversas das preconizadas expressamente no § 4º do art. 177 da Constituição da República (com redação dada pela Emenda Constitucional nº 33/2001).

O Supremo Tribunal Federal, no julgamento da ADI nº 2.925 (*DJ*, 4 mar. 2005), conferiu interpretação, conforme a Constituição, de norma orçamentária para vedar a possibilidade de destinação de recursos da Cide-combustíveis para finalidades diversas das preconizadas no mencionado dispositivo constitucional.

Considerando que o fundamento de validade constitucional das contribuições é a utilização dos recursos arrecadados para custeio de finalidade estatal específica (art. 149 da CRFB/1988), cabe ao Poder Judiciário, diante da comprovação reiterada de desvio de finalidade dos recursos de contribuições, invalidar a própria relação jurídica tributária e desonerar o contribuinte do pagamento do tributo?

Contribuição previdenciária: regras gerais, segurados e salário de contribuição (cap. 3)

Uma empresa comercial, localizada no Rio de Janeiro, contrata trabalhadores de modo eventual, além de sua mão de obra habitual.

Sua direção começa a ficar em dúvida sobre as diferenças de tributação para fins previdenciários entre a força de trabalho subordinada, nos ditames da Consolidação das Leis do Trabalho (CLT), trabalhadores eventuais ou empresas prestadoras de serviço.

Para solucionar tal questão procura seus advogados e analisa também se seria mais vantajosa uma prestação de serviço realizada por meio de pessoa jurídica.

Contribuição previdenciária: cota patronal, desoneração da folha, RAT/FAP (cap. 4)

Após sanar suas dúvidas iniciais sobre as regras gerais da contribuição previdenciária, as questões dos segurados e dos cálculos dos salários de contribuição, uma recém-formada casa comercial situada no Rio de Janeiro levanta novas indagações acerca da contribuição previdenciária.

Sua administração procura seus advogados, agora para sanar as dúvidas acerca da cota patronal, da adoção do risco acidente de trabalho e do fator acidentário de prevenção e da desoneração em folha.

Conclusão

O objetivo do estudo aqui proposto foi o de buscar elementos que orientassem o leitor sobre as especificidades das contribuições especiais, que figuram como relevante instrumento para a estruturação do Sistema Tributário Nacional. Verificamos, assim, que as contribuições sociais, que guardam fundamento na previsão constitucional contida no art. 149 e remanescem condicionadas, ao mesmo tempo, aos requisitos do art. 195 da Carta da República de 1988, destinam-se ao financiamento, manutenção e expansão da seguridade social, inexistindo, contudo, a exigência de previsão normativa que decline a referibilidade entre uma atividade estatal e o indivíduo que contribui.

Foi possível observar, igualmente, que as contribuições de intervenção no domínio econômico traduzem-se por meios geradores de recursos a serem vertidos pelo Estado, quando desenvolva ações que interfiram na economia, a fim de promover sua adequação ao cenário político, econômico e social do país. Os recursos arrecadados têm, portanto, destinação específica, qual seja, o emprego do *quantum* apurado no fomento de determinado setor econômico.

Da mesma forma, as contribuições de interesse das categorias profissionais ou econômicas, em que o Estado ou entidades não estatais que exercem funções de interesse público atuam – valendo-se dos recursos resultantes de sua arrecadação –, exigem a vinculação do montante arrecadado pelo fisco, sem que haja, no antecedente normativo, o mencionado grau de referibilidade típico de outras espécies tributárias.

A intenção, portanto, foi fomentar a reflexão sobre os aspectos tanto de natureza contábil como jurídica, decorrentes da utilização pelo ente tributante de tal espécie cujo objetivo primevo não está em custear as funções gerais e indivisíveis do Estado nem na oferta de uma contraprestação estatal. Em verdade, o que confere particularidade às contribuições é a destinação específica do produto de sua arrecadação ao exercício de determinada atividade por órgãos estatais, paraestatais ou entidades reconhecidas pelo próprio Estado como úteis à consecução de uma função de interesse público.

Aliada a essa abordagem didática, buscou-se contribuir para a construção de uma visão crítica acerca dos efeitos da carga tributária decorrente da incidência das contribuições especiais, notadamente no que tange ao papel que exercem para o incremento das condições econômicas do desenvolvimento do país. Ao final, pretendeu-se colaborar com a identificação dos instrumentos técnico-jurídicos destinados aos profissionais que atuam na área tributária para que encontrem soluções adequadas para os problemas normalmente enfrentados pelos contribuintes.

Referências

ALMEIDA, Marcelo Cavalcanti. *Curso básico de contabilidade*. São Paulo: Atlas, 2002.

AMARO, Luciano. *Direito tributário brasileiro*. 10. ed. São Paulo: Saraiva, 2004.

ASSAF NETO, Alexandre. *Estrutura e análise de balanços*: um enfoque econômico-financeiro. 9. ed. São Paulo: Atlas, 2010.

____; LIMA, Fabiano Guasti. *Curso de administração financeira*. São Paulo: Atlas, 2009.

ATALIBA, Geraldo. *Hipótese de incidência tributária*. São Paulo: Revista dos Tribunais, 1973.

____. *Hipótese de incidência tributária*. 3. ed. São Paulo: Revista dos Tribunais, 1984.

ÁVILA, Humberto. *Sistema constitucional tributário*. São Paulo: Saraiva, 2006.

BALEEIRO, Aliomar. *Limitações constitucionais ao poder de tributar*. 7. ed. Rio de Janeiro: Forense, 2001.

BARRETO, Paulo Ayres. *Contribuições*: regime jurídico, destinação e controle. São Paulo: Noeses, 2006.

BECKER, Alfredo Augusto. *Teoria geral do direito tributário*. 2. ed. São Paulo: Saraiva, 1972.

BUFFET, Mary; CLARK, David. *O Tao de Warren Buffet*. Rio de Janeiro: Sextante, 2007.

CARRAZZA, Roque Antônio. *Curso de direito constitucional tributário*. 23. ed. São Paulo: Malheiros, 2007.

CASTELLANI, Fernando. *Contribuições especiais e sua destinação*. São Paulo: Noeses, 2009.

COÊLHO, Sacha Calmon Navarro. *Comentários à Constituição de 1988*: sistema tributário. 3. ed. Rio de Janeiro: Forense, 1991.

____. *Curso de direito tributário brasileiro*. 6. ed. Rio de Janeiro: Forense, 2003.

DERZI, Misabel Abreu Machado. A causa final e a regra-matriz das contribuições. In: SANTI, Eurico Marcos Diniz de (Coord.). *Curso de direito tributário e finanças públicas*: do fato à norma, da realidade ao conceito jurídico. São Paulo: Saraiva, 2008.

FUNDAÇÃO INSTITUTO DE PESQUISAS CONTÁBEIS, ATUARIAIS E FINANCEIRAS (Fipecafi). *Manual de contabilidade societária*. São Paulo: Atlas, 2010.

GRECO, Marco Aurélio. *Contribuições (uma figura "sui generis")*. São Paulo: Dialética, 2000.

____ (Coord.). *Contribuições de intervenção no domínio econômico e figuras afins*. São Paulo: Dialética, 2001.

____. Contribuições de intervenção no domínio econômico: perfil constitucional, elementos para um modelo de controle. In: GOMES, Marcus Livio; ANTONELLI, Leonardo Pietro (Org.). *Curso de direito tributário brasileiro*. São Paulo: Quartier Latin, 2010. v. 2, p. 312-344.

HARADA, Kiyoshi. Contribuição para custeio da iluminação pública. *Jus Navigandi*, Teresina, ano 8, n. 65, 1º maio 2003. Disponível em: <http://jus.com.br/revista/texto/ 4076>. Acesso em: 8 out. 2012.

HONG, Yuh Ching. *Contabilidade gerencial*. São Paulo: Pearson Prentice Hall, 2006.

____. *Contabilidade e finanças para não especialistas*. 3. ed. São Paulo: Pearson Prentice Hall, 2010.

IBRAHIM, Fábio Zambitte. *Curso de direito previdenciário*. 14. ed. Niterói: Impetus, 2009.

____. *Curso de direito previdenciário*. 17. ed. Niterói: Impetus, 2012.

IUDÍCIBUS, Sérgio de et al. *Manual de contabilidade das sociedades por ações*: aplicável às demais sociedades. 6. ed. rev. e atual. São Paulo: Atlas, 2003.

MACHADO, Hugo de Brito. *Curso de direito tributário*. 21. ed. rev., atual. e ampl. São Paulo: Malheiros, 2002.

____ (Coord.). *As contribuições no sistema tributário brasileiro*. São Paulo: Dialética, 2003a.

____. A contribuição de iluminação pública (CIP). *Portal Domínio Público*, 2003b. Disponível em: <www.dominiopublico.gov.br/download/texto/bd000009.pdf>. Acesso em: 8 out. 2012.

____. *Curso de direito tributário*. 25. ed. São Paulo: Malheiros, 2005.

MACHADO SEGUNDO, Hugo de Brito. Contribuições de intervenção no domínio econômico. In: MARTINS, Ives Gandra da Silva (Coord.). *Contribuições de intervenção no domínio econômico*. São Paulo: Centro de Extensão Universitária, 2002. Edição 8 de Pesquisas Tributárias.

____. *Contribuições e federalismo*. São Paulo: Dialética, 2005.

MAGANO, Octávio Bueno. *Lineamentos de infortunística*. São Paulo: Bushatsky, 1976.

MARION, José Carlos. *Contabilidade básica*. São Paulo: Atlas, 1998.

_____. *Análise das demonstrações contábeis*. 5. ed. São Paulo: Atlas, 2010.

_____; IUDÍCIBUS, Sérgio de. *Curso de contabilidade para não contadores*. 7. ed. São Paulo: Atlas, 2011.

MARQUES, Márcio Severo. *Classificação constitucional dos tributos*. São Paulo: Max Limonad, 2000.

MARTINS, Eliseu. *Contabilidade de custos*. 9. ed. São Paulo: Atlas, 2003.

MARTINS, Ives Gandra da Silva (Coord.). *Contribuições de intervenção no domínio econômico*. São Paulo: Centro de Extensão Universitária, 2002. Edição 8 de Pesquisas Tributárias.

MATARAZZO, Dante. *Análise financeira de balanços*. 8. ed. São Paulo: Atlas, 2006.

MELO, José Eduardo Soares. *Contribuições sociais no sistema tributário*. 4. ed. São Paulo: Malheiros, 2003.

MORAES, Evaristo de. *Os accidentes no trabalho e a sua reparação*. São Paulo: LTr, 2009. Edição fac-similada.

NIYAMA, Jorge Katsumi; SILVA, César Augusto Tibúrcio. *Teoria da contabilidade*. São Paulo: Atlas, 2008.

OLIVEIRA, Paulo Rogério Albuquerque de. *Uma sistematização sobre a saúde do trabalhador*: do exótico ao esotérico. São Paulo: LTr, 2011.

PAULSEN, Leandro. *Direito tributário*: Constituição e Código Tributário à luz da doutrina e da jurisprudência. 9. ed. rev. e atual. Porto Alegre: Livraria do Advogado, 2007.

PÊGAS, Paulo Henrique. *Manual de contabilidade tributária*. Rio de Janeiro: Freitas Bastos, 2012.

PIMENTA, Paulo Roberto Lyrio. *Contribuições de intervenção no domínio econômico*. São Paulo: Dialética, 2002.

ROCHA, Valdir de Oliveira (Coord.). *Grandes questões atuais de direito tributário*. São Paulo: Dialética, 2002. v. 6.

ROSA JÚNIOR, Luiz Emygdio F. da. *Manual de direito financeiro e tributário*. 16. ed. Rio de Janeiro: Renovar, 2001.

_____. *Manual de direito financeiro e tributário*. 18. ed. rev. e atual. Rio de Janeiro: Renovar, 2005.

SANTI, Eurico Marcos Diniz de; CANADO, Vanessa Rahal. Direito tributário e direito financeiro: reconstruindo o conceito de tributo e resgatando o controle da destinação. In: SANTI, Eurico Marcos Diniz de (Coord.). *Curso de direito tributário e finanças públicas*: do fato à norma, da realidade ao conceito jurídico. São Paulo: Saraiva, 2008.

SCHOUERI, Luís Eduardo. Algumas considerações sobre a contribuição de intervenção no domínio econômico no sistema constitucional brasileiro: a contribuição ao Programa Universidade-Empresa. In: GRECO, Marco Aurélio (Coord.). *Contribuições de intervenção no domínio econômico e figuras afins*. São Paulo: Dialética, 2001. p. 357-373.

SOUZA, Hamilton Dias de; FERRAZ JÚNIOR, Tércio Sampaio. Contribuições de intervenção no domínio econômico e a Federação. In: MARTINS, Ives Gandra da Silva (Coord.). *Contribuições de intervenção no domínio econômico*. São Paulo: Centro de Extensão Universitária, 2002. Edição 8 de Pesquisas Tributárias.

SOUZA, Ricardo Conceição. *Regime jurídico das contribuições*. São Paulo: Dialética, 2002.

SZUSTER, Natan; CARDOSO, Ricardo Lopes. *Contabilidade geral*: introdução à contabilidade societária. São Paulo: Atlas, 2008.

TORRES, Ricardo Lobo. *Curso de direito financeiro e tributário*. 9. ed. atual. até a publicação da Emenda Constitucional nº 33, de 11/12/2001, e da Lei Complementar nº 113, de 19/9/2001. Rio de Janeiro: Renovar, 2002.

_____. *Curso de direito financeiro e tributário*. 11. ed. atual. até a publicação da Emenda Constitucional nº 44, de 30/6/2004. Rio de Janeiro: Renovar, 2004.

_____. *Tratado de direito constitucional financeiro e tributário*. Rio de Janeiro: Renovar, 2005. v. IV.

_____. *Curso de direito financeiro e tributário*. 14. ed. Rio de Janeiro: Renovar, 2006.

VIANA, Claudia Salles Vilela; FOLMANN, Melissa. *Fator acidentário de prevenção (FAP)*: inconstitucionalidades, ilegalidades e irregularidades. Curitiba: Juruá, 2011.

Organizadores

Na contínua busca pelo aperfeiçoamento de nossos programas, o Programa de Educação Continuada da FGV DIREITO RIO adotou o modelo de sucesso atualmente utilizado nos demais cursos de pós-graduação da Fundação Getulio Vargas, no qual o material didático é entregue ao aluno em formato de pequenos manuais. O referido modelo oferece ao aluno um material didático padronizado, de fácil manuseio e graficamente apropriado, contendo a compilação dos temas que serão abordados em sala de aula durante a realização da disciplina.

A organização dos materiais didáticos da FGV DIREITO RIO tem por finalidade oferecer o conteúdo de preparação prévia de nossos alunos para um melhor aproveitamento das aulas, tornando-as mais práticas e participativas.

Joaquim Falcão – diretor da FGV DIREITO RIO

Doutor em educação pela Université de Génève. *Master of Laws* (LL.M) pela Harvard University. Bacharel em direito pela

Pontifícia Universidade Católica do Rio de Janeiro (PUC-Rio). Diretor da Escola de Direito do Rio de Janeiro da Fundação Getulio Vargas (FGV DIREITO RIO).

Sérgio Guerra – vice-diretor de ensino, pesquisa e pós-graduação da FGV DIREITO RIO

Pós-doutor em administração pública pela Ebape/FGV. Doutor e mestre em direito. *Visiting researcher* na Yale Law School (2014). Coordenador do curso International Business Law – University of California (Irvine). Editor da *Revista de Direito Administrativo* (RDA). Consultor jurídico da OAB/RJ (Comissão de Direito Administrativo). Professor titular de direito administrativo, coordenador do mestrado em direito da regulação e vice-diretor de ensino, pesquisa e pós-graduação da FGV DIREITO RIO.

Rafael Alves de Almeida – coordenador da pós-graduação *lato sensu* da FGV DIREITO RIO

Doutor em políticas públicas, estratégias e desenvolvimento pelo Instituto de Economia da Universidade Federal do Rio de Janeiro (UFRJ). *Master of Laws* (LL.M) em *international business law* pela London School of Economics and Political Science (LSE). Mestre em regulação e concorrência pela Universidade Candido Mendes (Ucam). Formado pela Escola de Magistratura do Estado do Rio de Janeiro (Emerj). Bacharel em direito pela UFRJ e em economia pela Ucam.

Colaboradores

Os cursos de pós-graduação da FGV DIREITO RIO foram realizados graças a um conjunto de pessoas que se empenhou para que ele fosse um sucesso. Nesse conjunto bastante heterogêneo, não poderíamos deixar de mencionar a contribuição especial de nossos professores e assistentes de pesquisa em compartilhar seu conhecimento sobre questões relevantes ao direito. A FGV DIREITO RIO conta com um corpo de professores altamente qualificado que acompanha os trabalhos produzidos pelos assistentes de pesquisa envolvidos em meios acadêmicos diversos, parceria que resulta em uma base didática coerente com os programas apresentados.

Nosso especial agradecimento aos colaboradores da FGV DIREITO RIO que participaram deste projeto:

Anna Carolina Brochini Nascimento Gomes

Advogada. Graduada em direito pela Universidade Federal do Rio de Janeiro (UFRJ). Especialista em direito tributário pelo Instituto Brasileiro de Estudos Tributários (Ibet) e especialista em direito de empresas na Pontifícia Universidade Católica do Rio de Janeiro (PUC-Rio).

Daniel Strauch Ribeiro

Formado em direito pela Universidade Federal Fluminense (UFF). Pós-graduado em *publishing management* pela FGV. Graduando em biblioteconomia e gestão de unidades de informação pela Universidade Federal do Rio de Janeiro (UFRJ).

Eliana Pulcinelli

Mestre em direito público e doutoranda em direito pela Universidade Estácio de Sá (Unesa). Pós-graduada em direito administrativo. Professora de direito tributário (FGV Law Program).

Fábio Zambitte

Doutor em direito público pela Universidade do Estado do Rio de Janeiro (Uerj), mestre em direito pela Pontifícia Universidade Católica de São Paulo (PUC-SP). Advogado, professor visitante da Uerj (graduação, mestrado e doutorado), professor e coordenador de direito previdenciário da Escola de Magistratura do Estado do Rio de Janeiro (Emerj), professor e coordenador de contribuições especiais da especialização em direito tributário da FGV DIREITO RIO, ex-auditor fiscal da Secretaria de Receita Federal do Brasil e ex-presidente da décima Junta de Recursos do Ministério da Previdência Social.

Gabriel Fiuza Couto

Formado pela Faculdade Nacional de Direito da Universidade Federal do Rio de Janeiro (UFRJ). Graduando em ciências contábeis pela Universidade do Sul de Santa Catarina (Unisul).

Pós-graduando (LL.M) em direito tributário pela FGV (Rio de Janeiro). Foi consultor tributário da PricewaterhouseCoopers e advogado associado de Mussi, Sandri, Faroni e Ogawa Advogados. Atualmente é associado de Chediak Advogados, atuando na área de consultoria tributária e como pesquisador e assistente de ensino nas disciplinas de contabilidade e direito tributário das pós-graduações da FGV DIREITO RIO.

Gustavo da Gama Vital de Oliveira

Professor adjunto de direito financeiro da Universidade do Estado do Rio de Janeiro (Uerj). Doutor e mestre em direito público pela mesma universidade. Procurador do município do Rio de Janeiro. Advogado. Diretor da Sociedade Brasileira de Direito Tributário (SBDT).

João Aguiar

Formado pela Faculdade de Direito da Universidade Estácio de Sá (Unesa) e atualmente cursando a Faculdade de Ciências Contábeis da Universidade do Sul de Santa Catarina (Unisul). Pesquisador dos cursos de LL.M em direito tributário da Fundação Getulio Vargas. Trabalha como consultor tributário na área de impostos diretos da PricewaterhouseCoopers, na qual atua em projetos de consultoria tributária e apoio à auditoria de empresas, predominantemente dos setores de óleo e gás, energia e mineração.

Márcia Luiza Mignone

Advogada. Graduada em direito pela Universidade Candido Mendes (Ucam). Especialista em direito tributário pelo Instituto Brasileiro de Estudos Tributários (Ibet).

Omar de Azevedo Teixeira

Formado pela Universidade Federal do Rio de Janeiro (UFRJ). Especialista em direito tributário pelo Instituto Brasileiro de Estudos Tributários (Ibet). MBA em gestão empresarial em tributação e contabilidade pela Universidade Federal Fluminense (UFF). Cursando ciências contábeis na Pontifícia Universidade Católica de Minas Gerais (PUC Minas).

Pedro Anan Júnior

Master of business administration – controller (MBA – Controller) pela Faculdade de Economia, Administração e Contabilidade da Universidade de São Paulo (FEA/USP). Especialista em direito empresarial pela Pontifícia Universidade Católica de São Paulo (PUC-SP). Foi membro da Segunda Turma, da Segunda Câmara, da Segunda Seção do Conselho Administrativo de Recursos Fiscais (Carf). Foi juiz substituto do Tribunal de Impostos e Taxas de São Paulo e conselheiro do Conselho Municipal de Tributos do Município de São Paulo. Advogado em São Paulo. Professor de direito tributário em: FGV, Fundação Armando Alvares Penteado (Faap), Escola Paulista de Direito (EPD), Associação Paulista de Estudos Tributários (Apet) Anhanguera, LFG, Fucape Business School e Fundação para Pesquisa e Desenvolvimento da Administração, Contabilidade e Economia (Fundace).

Rafael Dinoá Mann Medeiros

Formado pela Faculdade Nacional de Direito da Universidade Federal do Rio de Janeiro (UFRJ) e pela Faculdade de Contabilidade da Universidade do Sul de Santa Catarina (Unisul). Tem MBA em auditoria integral (IFRS) pela Universidade Federal do Paraná (UFPR). Mestre em direito tributário internacional pela Universidade de Leiden (Holanda) e mestrando em contabilidade tributária pela Fucape Business School. É professor dos cursos de LL.M da FGV do Rio de Janeiro, além de ministrar aulas de contabilidade e direito tributário em pós-graduações e cursos da FGV Corporativo. Professor do LL.M de direito tributário e contabilidade tributária do Instituto Brasileiro de Mercado de Capitais (Ibmec/RJ). Trabalhou como gerente de tributos de PricewaterhouseCoopers, foi consultor tributário de Chediak Advogados e atua na equipe tributária de Veirano Advogados.

Thadeu Soares Gorgita Barbosa

Advogado tributarista. Pós-graduado em direito tributário e financeiro pela Universidade Federal Fluminense (UFF). Pós-graduado em direito público e tributário pela Universidade Candido Mendes (Ucam). Assistente de pesquisa do LL.M em direito tributário da FGV DIREITO RIO.

Vânia Maria Castro de Azevedo

Graduada em comunicação social, com habilitação em jornalismo pelas Faculdades Integradas Hélio Alonso (Facha). Especializada em *publishing management: o negócio do livro*, pela FGV (Rio de Janeiro). Atua no mercado editorial como copidesque e revisora de livros técnicos e científicos e, atualmente, como revisora do material didático dos cursos de extensão e especialização da FGV DIREITO RIO.

Este livro foi impresso nas oficinas gráficas da Editora Vozes Ltda.,
Rua Frei Luís, 100 – Petrópolis, RJ.